New York

STADTABENTEUER

DOROTHE MARTIN

Michael Müller Verlag

1
2
3
4
5
6
7
8

DIE AUTORIN:

+ + + D O R O T H E A   M A R T I N + + +
1966 IN BERLIN GEBOREN +++ STUDIUM DER
THEATERWISSENSCHAFT UND GESCHICHTE +++
FREIE MITARBEIT FÜR DAS FEUILLETON DER
BERLINER MORGENPOST +++ DANACH RADIO- UND
FERNSEHREPORTERIN +++ ZOG 1999 NACH BRISTOL
UND FÜHRT DORT SEIT 2000 REISEGRUPPEN +++
SCHREIBT DANEBEN REISEFÜHRER FÜR MICHAEL
MÜLLER UND ANDERE VERLAGE +++ 2018 RÜCKKEHR
NACH BERLIN +++

NEW YORK CITY IST EINE STADT
der unendlichen Möglichkeiten. Bei kurzen
Aufenthalten möglichst viele auszukosten kann
schon mal hektisch werden. Was für ein Geschenk
war es da, dass die Stadtabenteuer Zeit verlangen –
Zeit, sich einzulassen, Zeit zum Erleben, Zeit, etwas
zu wagen. Statt in der Schlange zur Freiheitsstatue
lande ich auf dem Bronx River im Paddelboot.
Statt den schnellen Burger esse ich Ameisen und
Grashüpfer. Statt im Zoo spüre ich Wale und
Delfine in ihrem natürlichen Lebensraum auf. Und
die Musik wird mein liebster Begleiter: auf einem
Kohlekahn, in der Philharmonie, im Diner oder
dem Wohnzimmer von Marjorie Eliot. New York tut
gerade so, als wäre ich dort zu Hause.

Dorothea Martin,
New York – Stadtabenteuer

DER HERAUSGEBER:

WIE NÄHERT MAN SICH EINER WELTSTADT MAL ANDERS?

Dieser Gedanke sprang mir regelrecht in den Sinn, als meine Frau Berit und ich im Honeymoon in Amsterdam unterwegs waren. Wir wollten die Stadt wirklich kennenlernen. Nicht über Sehenswürdigkeiten, sondern durch Erlebnisse.

So entstanden die *Stadtabenteuer*: acht Bücher zu acht Metropolen, von denen ich selbst eines schreiben durfte (den Band zu Hamburg). Als Berit schließlich die Grafik dieser neuen Reihe erfand, ergab sich alles andere von selbst.

Mindestens die Hälfte der in dieser Reihe beschriebenen Erlebnisse sind kostenlos oder günstig (12 Euro oder weniger), einige familienfreundlich, wobei man sie selbstverständlich auch allein, zu zweit oder mit Freunden unternehmen kann. Sie spielen in bekannten Stadtteilen. Nur im letzten Kapitel geht es ein wenig weiter raus.

Dass ausgewählte reisepraktische Tipps und die wichtigsten Sights und Spots hinzukamen (»Wenn man schon mal hier ist«), versteht sich von selbst, wenn man für Michael Müller schreibt: den Verleger für alternative Reiseführer.

Matthias Kröner,
Herausgeber der *Stadtabenteuer*
und Reisebuchautor

1
2
3

6

7

8

+++ NEW YORK CITY LIEGT, WO DIE FLÜSSE HUDSON UND EAST RIVER IN DEN ATLANTISCHEN OZEAN MÜNDEN +++ DIE STADT IST DIE AM DICHTESTEN BESIEDELTE DER VEREINIGTEN STAATEN VON AMERIKA +++ SIE BESTEHT AUS 5 BOROUGHS UND HAT EINE FLÄCHE VON RUND 784 QUADRATKILOMETERN +++ IHR HERZSTÜCK IST DIE INSEL MANHATTAN, UND ES GIBT MEHR ALS 40 WEITERE INSELN +++ DERZEIT LEBEN RUND 8.5 MIO. MENSCHEN IN NEW YORK, MEHR ALS 3 MILLIONEN DAVON WURDEN IM AUSLAND GEBOREN +++ NEW YORK IST EINER DER WELTFÜHRENDEN FINANZPLÄTZE UND ZUGLEICH ZENTRUM DER AMERIKANISCHEN KREATIVINDUSTRIEN +++ GRÖSSTER ARBEITGEBER IST DIE JP MORGAN CHASE BANK MIT FAST 250.000 ANGESTELLTEN +++ ANNÄHERND 65 MIO. TOURISTEN BESUCHEN DIE STADT JEDES JAHR +++

WENN MAN IN NEW YORK ANKOMMT:
Bevor man losfliegt, muss man für $ 14 eine elektronische Einreiseerlaubnis beantragen (ESTA, Formular unter esta.cbp.dhs.gov/esta). Das Visum gilt zwei Jahre lang für einen Aufenthalt von 90 Tagen. Die Grenzschutzbeamten nehmen vor Ort Fingerabdrücke und machen ein Foto. Man landet je nach Fluglinie auf dem John F. Kennedy oder dem Newark Liberty International Airport. Von dort kommt man gut mit den Air Trains und der Subway in die Stadt.

UNTERWEGSSEIN in New York City lohnt sich mit der **MetroCard** Geldwertkarte, die es in unterschiedlichen Varianten gibt (**Einzelfahrschein für $ 2,75; 7 Tage für $ 32** oder **30 Tage für $ 121**). Sie gilt für die **Subway** und reguläre **Busse** und ist nicht übertragbar. Für Expressbusse zahlt man extra. Kinder, die kleiner als 1,12 Meter (44 Inches) sind, fahren umsonst. Schnell kommt man auch mit den **Fähren** von A nach B. **NYC Ferry** verbindet **Manhattan** für **$ 2,75** mit der **Bronx**, **Brooklyn** und **Queens**, das **Monatsticket** kostet **$ 121**. Die kostenlose **Staten Island Ferry** fährt an der **Freiheitsstatue** vorbei nach **Staten Island**. **NY Water Taxi** fährt um die Südspitze Manhattans und nach Brooklyn (**Tagesticket $ 37**, Kinder 3–12 Jahre **$ 31**, **2-Tages-Ticket $ 42**, Kinder 3–12 Jahre **$ 36**).

NEW YORK CITY MIT DEM RAD zu erkunden macht Laune, vor allem entlang der »Greenways« am Ufer rund um Manhattan. Die 12.000 blauen Räder von **CitiBike** gehören inzwischen zum Stadtbild (citibikenyc.com). Der 24-stündige **Tagespass** kostet $ 12 (3 Tage $ 24), wobei die ersten 30 Minuten frei sind. Für alle weiteren 15 Minuten zahlt man $ 4. **Tipp**: Das Rad nach einer halben Stunde bei der nächsten Station abgeben, 2 Minuten warten, ein neues Bike ausleihen und erneut 30 Minuten umsonst fahren. Die Räder lassen sich nur mit Kreditkarte freischalten.

1
DOWNTOWN MANHATTAN UND SEAPORT DISTRICT

+++ ERLEBEN +++

AN DER SÜDSPITZE von Manhattan begann 1621 die Geschichte von New York City als Nieuw Amsterdam. Mit dem Seaport kam der kommerzielle Erfolg, die Wall Street machte New York zum wichtigsten Finanzplatz der Welt. Dann schlugen am 11. September 2001 die Flugzeuge der Terroristen und Ende Oktober 2012 die Wellen von Hurrikan Sandy ein. Seitdem wird Downtown Manhattan mit gewagten Projekten und Leben gefüllt und hat sich rundum erneuert.

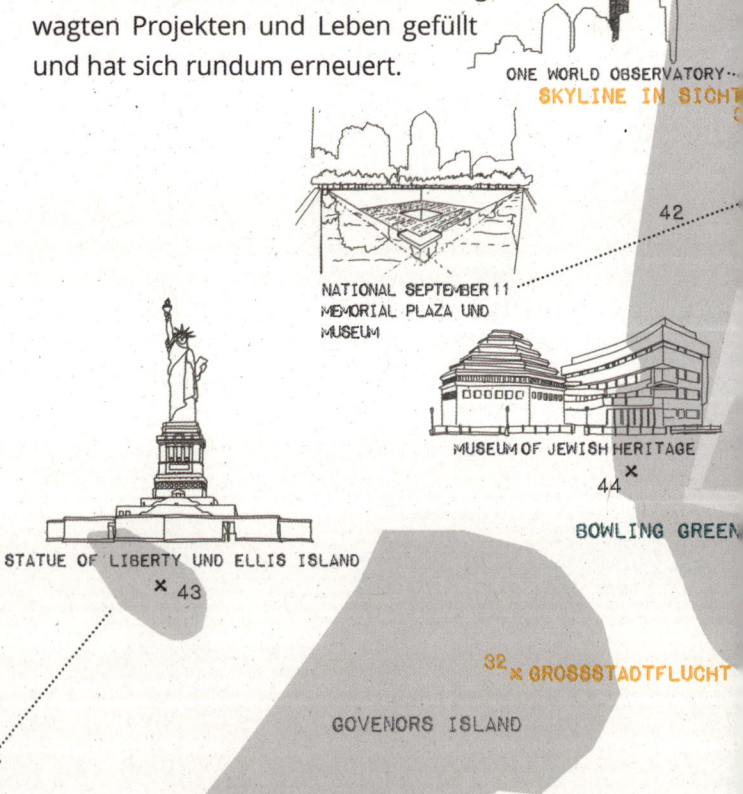

ONE WORLD OBSERVATORY··
SKYLINE IN SICHT

42

NATIONAL SEPTEMBER 11
MEMORIAL PLAZA UND
MUSEUM

MUSEUM OF JEWISH HERITAGE
✕
44

STATUE OF LIBERTY UND ELLIS ISLAND
✕ 43

BOWLING GREEN

32 ✕ **GROSSSTADTFLUCHT**

GOVENORS ISLAND

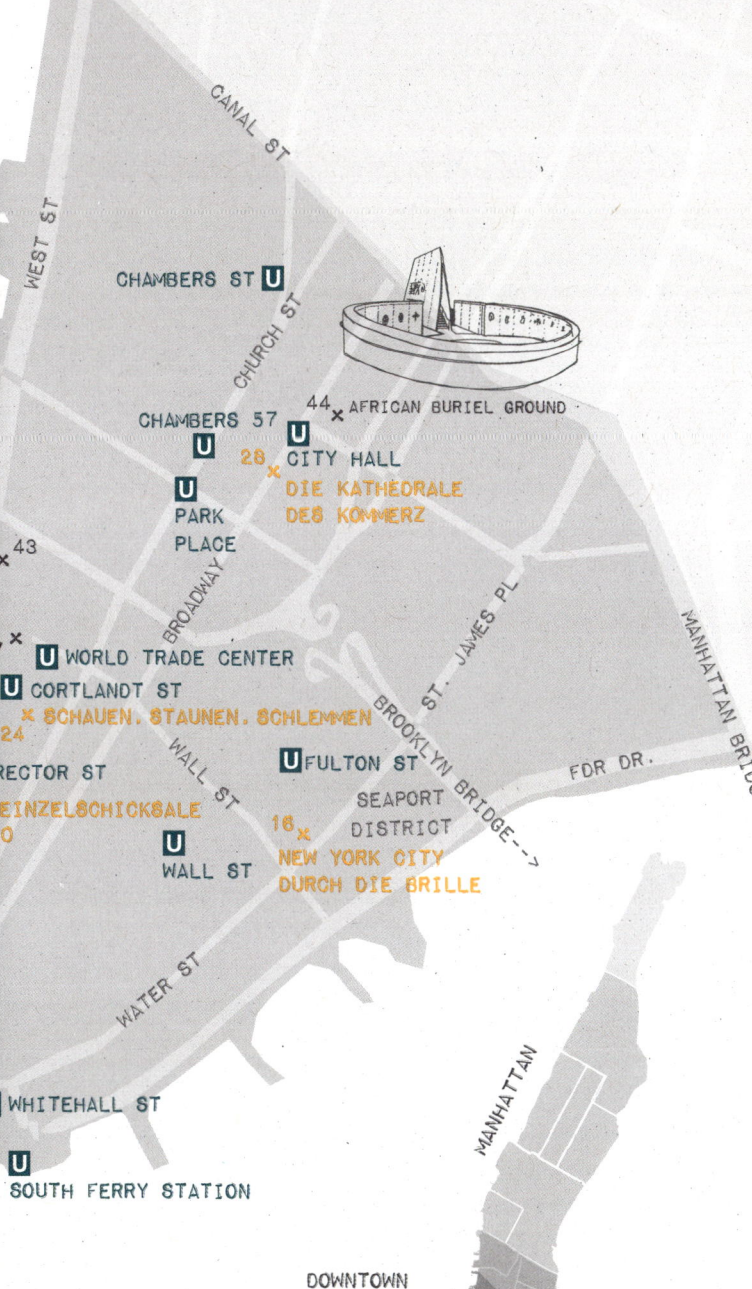

CANAL ST

WEST ST

CHAMBERS ST [U]

CHURCH ST

44 × AFRICAN BURIEL GROUND

CHAMBERS 57
[U]
28 × [U] CITY HALL
DIE KATHEDRALE
[U] DES KOMMERZ
PARK
PLACE

× 43

BROADWAY

ST. JAMES PL

MANHATTAN BRIDGE --->

× [U] WORLD TRADE CENTER
[U] CORTLANDT ST
× SCHAUEN. STAUNEN. SCHLEMMEN
24

WALL ST

BROOKLYN BRIDGE --->

FDR DR.

[U] FULTON ST
SEAPORT
DISTRICT
RECTOR ST
EINZELSCHICKSALE
0
16 × [U] NEW YORK CITY
WALL ST DURCH DIE BRILLE

WATER ST

WHITEHALL ST

[U]
SOUTH FERRY STATION

MANHATTAN

DOWNTOWN
MANHATTAN -->

NEW YORK CITY DURCH DIE BRILLE

DIE STADTRUNDFAHRT DOWNTOWN EXPERIENCE IM PANORAMABUS

DOWNTOWN
MANHATTAN-->

FULTON ST

+ + + S T E C K B R I E F + + +

WO? START: 200 WATER STREET BEI STARBUCKS UND DANN DURCH DEN FINANZBEZIRK, SOHO, CHINATOWN UND DEN SEAPORT DISTRICT +++ U FULTON ST MIT LINIEN 2 UND 3 +++ WANN? TÄGLICH UM 10 UHR +++ EXPERIENCETHERIDE.COM +++ WIE LANGE? 90 MINUTEN +++ WIE VIEL? $ 54 +++

ICH MAG STADTRUNDFAHRTEN. Ich halte sie für den besten Weg, um in kurzer Zeit viel von einer Stadt zu sehen und noch mehr über sie zu erfahren. Die Downtown Experience verspricht virtuell und interaktiv zu werden, was mindestens unterhaltsam klingt. Mit mir steigen etwa 30 Leute in den markanten schwarzen Hightechbus. Flash. So eine Inneneinrichtung habe ich noch nie gesehen. 49 Plätze wurden auf einer Seite über drei Reihen gestaffelt montiert, parallel zum Bürgersteig. Sie bilden eine Art Tribüne. Riesige Fenster ziehen sich gegenüber bis übers Dach hinauf, sodass jeder Platz einen Panoramaausblick bietet. Der Sinn der 40 winzigen Bildschirme und der 30.000 LED-Lampen muss sich mir erst noch erschließen. Ich greife nach meiner Virtual-Reality-Brille und probiere sie aus. Dann setzt sich das rollende Theater auch schon in Bewegung.

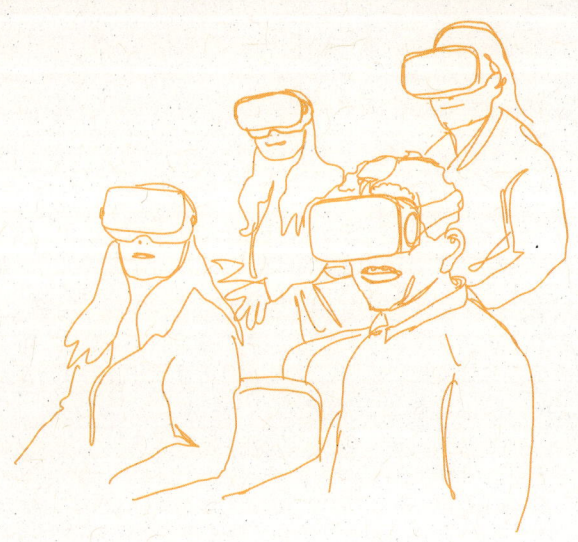

UNSER GUIDE ALEX ist Schauspielstudent und mir auf Anhieb sympathisch. Die Tour beginnt mit der ersten virtuellen Einspielung, einem Durchmarsch durch New Yorks Geschichte im Zeitraffer. Wie im Kino stapfen Mammuts über das Eis, Henry Hudson segelt den Fluss hinauf, das Empire State Building wird gebaut und 9/11 passiert. Wir setzen die Brillen ab, und Alex unterfüttert das Gesehene aus ungewöhnlicher Perspektive: Er stellt den Alltag der Indianer und ihrer Frauen in den Mittelpunkt. Er beschreibt die Brooklyn Bridge aus Sicht der Erbauer-Familie Roebling und schildert die kuriosen Widrigkeiten, die ihr zugestoßen sind. In Filmausschnitten lernen wir P. T. Barnum kennen, den Zirkusdirektor, der die schwedische Operndiva Jenny Lind zum ersten Superstar der Welt machte. Auf offener Straße löst sich ein gut gekleideter Herr aus der Menge und rappt live über 9/11, bevor wir das Gelände virtuell im Hubschrauber überfliegen. Wir begleiten ein Auswandererkind auf seiner Überfahrt über den Atlantik und dürfen uns wie ein umjubelter Footballstar fühlen. Nur zum Wall-Street-Spekulanten lasse ich mich auch durch den virtuellen Zugang zum Trading Room nicht machen, der seit dem Anschlag von 2001 für Touristen ja eigentlich tabu ist.

WIE ICH DAS ALLES FINDE? Neu, spannend und gelungen. Okay, der Bus hat schon ein paar Jährchen auf dem Buckel, die Fenster hätten mal geputzt werden können, und die Auflösung der Virtual-Reality-Brillen lässt etwas zu wünschen übrig. Das ist aber auch schon alles, was ich an THE DOWNTOWN EXPERIENCE zu bemängeln habe. Alex ist so unterhaltsam wie informativ. Er bringt New York gekonnt auf die Bühne, mit uns als Publikum. Wir hören Geschichten statt einer chronologischen Auflistung von Fakten, überraschende Details anstelle von Allgemeinplätzen. Diese Stadtrundfahrt ist unkonventionell im besten Sinne, Wissensvermittlung mit hohem Spaß- und Überraschungsfaktor. Wer an derartigen Showelementen Freude hat, sollte unbedingt auch THE RIDE probieren. Man fährt mit demselben Bus durch Midtown mit zwei Guides als Entertainern. Sie bieten nicht Sightseeing, sondern reinste amerikanische Unterhaltung, eine super Show. Das finden all jene gut, die es mögen, wenn es laut, schrill, schräg und chaotisch wird.

WENN MAN SCHON MAL **HIER IST**:

Am **Pier 16** liegen in Sichtweite 5 historische Schiffe vertäut, Tickets für die Besichtigung gibt's im **South Street Seaport Museum** ▢→ (12 Fulton St., $ 12, erm. $ 8, Kinder $ 6, southstreetseaportmuseum.org). Highlight des neuen **Pier 17** ist die Dachterrasse. Der Blick auf die **Brooklyn Bridge** ist unvergleichlich (pier17ny.com). Bei **Industry Kitchen** (70 South St., tägl. 11–24 Uhr, industry-kitchen.com) kann man mit Blick auf den Hafen gut essen.

EINZELSCHICKSALE

EINE FÜHRUNG
MIT BETROFFENEN
VON 9/11

<--DOWNTOWN
MANHATTAN

RECTOR ST

+ + + S T E C K B R I E F + + +
WO? START AM 9/11 TRIBUTE CENTER, 92 GREEN-
WICH STREET +++ U RECTOR ST MIT LINIE 1
+++ WANN? MEHRMALS TÄGLICH ZWISCHEN 10 UND
18 UHR, SONNTAG BIS 17 UHR +++ WIE LANGE?
ETWA 2 STUNDEN +++ WICHTIG! BITTE UNBEDINGT
AN DEN PERSONALAUSWEIS DENKEN! +++ WIE VIEL?
$ 35 +++ 911TRIBUTEMUSEUM.ORG +++

KIM KAZALIS IST 71 JAHRE ALT.

Er trägt ein Baseballcap mit der Aufschrift »9/11 Survivor«, »Überlebender von 9/11«. Um seinen Hals baumeln der Ausweis des 9/11 Tribute Centers und ein Dutzend Abzeichen und Anstecknadeln, die seinen ehrenamtlichen Einsatz als Augenzeuge würdigen. Kim trägt blaue Arbeitskleidung, es ist die Farbe des Himmels am Morgen des 11. September 2001, dem Tag, der die Welt verändert hat. Kim ist mehrfacher Veteran, auch Vietnam hat er überstanden. Unter den Memorial Guides zählt er zu den Dienstältesten. In elf Jahren hat er seine Geschichte bald fünfhundertmal erzählt. Gegen das Vergessen und gegen die »survivor's guilt«, das schlechte Gewissen der Überlebenden, das ihn auch 17 Jahre nach dem Terroranschlag noch plagt. Der jedoch, so schwört er, habe ihn nicht verbittert, sondern einen besseren Menschen aus ihm gemacht.

ES SIND GUT 20 INTERESSIERTE
gekommen, die Kims Geschichte hören wollen.
Kim war 2001 IT-Sicherheitsanalyst mit Büro im 67. Stock
des Südturms. Das war sein Glück, wie er betont, denn
oberhalb der Einschläge vom 77. Stock aufwärts hat fast
niemand überlebt. In jedem Tower gab es nur eine einzige
Treppe – also zwei für 50.000 Menschen! Wir stoppen am
Denkmal für die Feuerwehrleute, und Kim erzählt von
dem Tsunami des Mitgefühls und den Helden, die die
Tragödie schuf: Da war etwa Dean Whitters von Morgan
Stanley, der fast alle seine 23.000 Mitarbeiter retten
konnte. Oder Thomas Franklin, dessen Foto von den
Feuerwehrmännern, die auf den rauchenden Trümmern
des World Trade Centers die Nationalflagge hissten, um
die Welt ging. Am südlichen der beiden Gedenkbrunnen
angelangt – sie zeigen den Grundriss der zwei Türme –,
deutet Kim auf die Strahlen der Wasserfälle. Jeder steht
für ein Opfer. Jeder Name, der in die Bronzetafeln um
das Becken herum gemeißelt wurde, natürlich auch.
Das ist oft alles, was von den Menschen geblieben ist –
»Reflecting Absence« fürwahr. 1.118 Opfer sind bis heute
spurlos verschwunden. Das hier, sagt Kim, ist auch ein
Friedhof, an dem die Angehörigen trauern und auf einen
Fund von ihren Liebsten hoffen. Und sei es nur die DNA.

AN SEINEM LIEBLINGSPLATZ, dem Survivor Tree, spricht Kim dann über sich, darüber, wie er diesen Tag erlebte. Fast jeder Mensch, gibt er zu bedenken, werde irgendwann im Laufe seines Lebens zum Überlebenden: eines Krieges, einer Krankheit oder eines Anschlags. Doch dann gehe das Leben weiter. So auch für ihn. Er entkam all dem Chaos durch die Drehtür des Foyers hinaus ins Freie. Genau hier, wo wir jetzt stehen. Den weniger Glücklichen blieb angesichts der brennenden Türme nur die Wahl, wie sie sterben wollten. Viele wählten den Sprung, zu sehen ist das im sensibel aufbereiteten Museum. Er jedoch war draußen und ist losgerannt mit nur einem Gedanken: seine Frau wissen zu lassen, dass er lebte. Es dauerte zweieinhalb Stunden, bis er endlich ein Telefon fand, das noch funktionierte. Also rief er sie an, Punkt 11.20 Uhr, und sagte zu Kathleen: »It's me. I'm okay and I love you.« Seitdem greift Kim jedes Jahr am 11. September um genau 11.20 Uhr zum Hörer und versichert seiner Frau: »It's me. I'm okay and I love you.« Und dann geht das Leben weiter.

WENN MAN SCHON MAL HIER IST:
Nach der Führung unbedingt Zeit für den Besuch des **September 11 Museums** ☐→ einplanen (siehe S. 42). Das beste Foto vom **Memorial Plaza** (siehe S. 42) und dem **One World Trade Center** mit seiner Aussichtsplattform (siehe S. 42) schießt man vom höher gelegenen **Liberty Park**; hier steht auch die durch den Terroranschlag beschädigte Weltkugel **The Sphere**. Für eine Stärkung nach diesen bewegenden Momenten könnte man die Kochdemonstration im **Eataly Markt** (siehe S. 24–27) ansteuern.

SCHAUEN,
STAUNEN,
SCHLEMMEN

ZUR KOCHDEMO
IN DIE
EATALY FOOD UNIVERSITY

<--DOWNTOWN
MANHATTAN

⬛ WORLD TRADE CENTER

+ + + S T E C K B R I E F + + +
WO? IN DER WESTFIELD MALL, 4 WORLD TRADE
CENTER, 101 LIBERTY STREET +++ U WORLD TRADE
CENTER MIT LINIE E +++ WANN? FAST TÄGLICH
UM 13 UHR MIT WECHSELNDEN GERICHTEN +++ WIE
LANGE? 30 MINUTEN +++ WIE VIEL? KOSTENLOS
+++ EATALY.COM/US_EN/STORES/NYC-DOWNTOWN/
CLASS-FOODIVERSITA-SCHEDULE +++

DEM ITALIENISCHEN Feinkost-Imperium Eataly eilt ein beachtlicher Ruf voraus. Wir waren aus purer Neugier gekommen, um auf die Schnelle eine Kleinigkeit zu essen. Die Filiale in Downtown ist zwar die deutlich kleinere der beiden in Manhattan (die größere befindet sich am Madison Square Park), aber für ein Stündchen »la dolce vita im Exil« ist sie perfekt. Appetitlich stapeln sich Obst und Gemüse zu Pyramiden in leuchtenden Farben, in den Regalen stehen Olivenöl und Balsamico in allen nur erdenklichen Varianten, im Kühlfach liegen Dutzende Käse- und Wurstsorten. Hie und da gibt es ein Probierhäppchen zu schnabulieren. Wir verputzen gerade genüsslich unsere Pizza-Slices, als eine Durchsage erschallt: »Willkommen zur kostenlosen Kochdemonstration um 13 Uhr in der Food University!« Na, da lassen wir uns doch nicht zweimal bitten!

ES IST EINE KLEINE SCHAR, die sich rund um Chefkoch Ryan Gormley versammelt hat. Er zaubert uns Spaghetti alla carbonara »with a twist«. Der »Twist«, die Variation, liegt im Chilihonig, der aus Brooklyn stammt. Zu unserem Erstaunen kommt Butter in die Pfanne. Das schmecke besser als Olivenöl, beteuert der Fachmann. Die nächste Überraschung ist eine große. Spaghetti carbonara sei den Amerikanern zu verdanken, behauptet Ryan. Echt jetzt? Si! Im Zweiten Weltkrieg wollten die Römer den amerikanischen Truppen etwas servieren, das die garantiert mochten – das waren Eier, Schinken und Käse mit viel schwarzem Pfeffer drauf, der aussah wie Kohle. Kohle wird auf Italienisch zu »carbonara«, basta. Wir staunen. Der Schinken landet ohne Zwiebeln, Knoblauch oder Salz in der Pfanne. Alles überflüssig, wehrt Ryan ab. Salz gehöre nur ins Nudelwasser, das müsse schmecken wie das Meer. Nach zwei Minuten im Meer gibt er den Schinken zu den Nudeln und mischt die aufgeschlagenen Eier samt Petersilie unter. Den feurigen Honig drüber, etwas Nudelwasser rein und dann rühren, rühren, rühren – damit aus der Carbonara nicht banale Nudeln mit Rührei werden.

WEITERE ZWEI MINUTEN SPÄTER

ist das Gericht fertig. Es wird auf kleine Schälchen verteilt und an uns weitergereicht. Delizioso! Das finden wir alle. Während wir schwelgen, folgt ein weiterer spannender Exkurs. Ob wir denn wüssten, dass die Pasta ursprünglich nicht aus Italien stamme? Nein, jetzt ist aber mal gut, oder? Si! Sie sei in China erfunden worden und über die Seidenstraße nach Italien gelangt, wie Safran und andere Gewürze auch. Als Sizilien 250 Jahre lang unter arabischer Herrschaft stand, habe sie sich etabliert. Im reichen Norden Italiens seien Nudeln später mit Eiern gemacht worden. Bis heute isst man sie dort am liebsten gefüllt, als Ravioli. Im armen Süden hingegen hätten Mehl und Wasser für die Teigmischung reichen müssen. Die Eier brauchte man ja für die Soße. Während mein Wissensdurst gestillt wird, prickelt mir der Chilihonig auf dem Gaumen. Ich frage mich, was Ryan wohl über Honig zu erzählen hätte – aber das ist sicher Thema einer anderen Kochdemonstration, vielleicht wenn es um die Herstellung von Cantuccini geht.

WENN MAN SCHON MAL **HIER IST**:

Die **Westfield Mall** ist Teil des futuristischen **Oculus Bahnhofs** ◻→, der mit seinem weißen Stahlgerippe wie eine fliegende Taube wirkt; dort gibt es Luxusgastronomie und -geschäfte. Wesentlich günstiger kaufen Sie Designerwaren im **Century 21**, dem bekanntesten Discount-Kaufhaus der Stadt (siehe S. 46). Erholsam sind die kostenfreien **Pipes-at-One-Orgelkonzerte** freitags um 13 Uhr in der **St. Paul's Chapel** um die Ecke am Broadway (trinitywallstreet.org/music-arts/2018-2019/pipes-at-one).

DIE KATHEDRALE DES KOMMERZ

EINE FÜHRUNG
DURCH DIE LOBBY
DES WOOLWORTH BUILDINGS

<--DOWNTOWN
MANHATTAN

PARK PLACE **U**ˣ

+ + + S T E C K B R I E F + + +

WO? 233 BROADWAY +++ U PARK PLACE MIT LINIEN 2 UND 3 ODER CITY HALL MIT LINIEN R UND W +++ WANN? TÄGLICH 14 ODER 16 UHR. AM WOCHEN-ENDE HÄUFIGER +++ WIE LANGE UND WIE VIEL? 30 MINUTEN $ 20. 60 MINUTEN $ 30. 90 MINUTEN $ 45 +++ WICHTIG! NUR MIT VORHERIGER AN-MELDUNG MÖGLICH! +++ WOOLWORTHTOURS.COM +++

DAS HÄTTE MIR ABER AUCH GESTUNKEN.

Da baut der Urgroßvater ein Prunkstück von Skyscraper, einst für kurze Zeit das höchste Gebäude der Welt und bis heute eine Ikone in der Skyline Manhattans – und mehr als ein Jahrzehnt durfte niemand die Pracht drinnen sehen. Außer denen natürlich, die dort wohnten oder arbeiteten. Also beschloss Helen Post Curry, das zum 100. Jubiläum des Gebäudes zu ändern. Sozusagen zu Ehren ihres Urgroßvaters, des Architekten Cass Gilbert. Der trug mit diesem opulenten Entwurf einer Firmenzentrale – denn genau das war die Bestimmung des Hauses – der Eitelkeit und Prunksucht seines Auftraggebers Rechnung: des Kaufhausmilliardärs Frank Winfield Woolworth. Gilberts 241 Meter hohe Vision eines byzantinischen Doms führt seitdem den Spitznamen »Kathedrale des Kommerz«. Kaum zu glauben, dass Woolworth sein Vermögen mit Billigware machte.

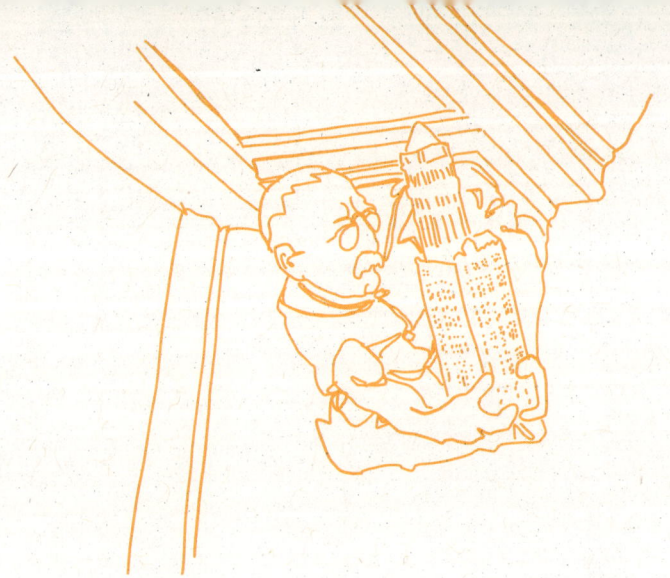

MAN SIEHT UNSEREM GUIDE Steve das Vergnügen förmlich an, das ihm der Gedanke an die 800 geladenen Gäste bereitet, die da am 24. April 1913 in Smoking und Ballkleid in völliger Finsternis ausharrten. Denn es dauerte eine halbe Ewigkeit, bis endlich Präsident Woodrow Wilson höchstpersönlich das Licht anknipste. Per Fernleitung vom Weißen Haus in Washington aus. Typisch Frank Winfield Woolworth. Doch der Schalk saß offenbar auch seinem Architekten Cass Gilbert im Nacken. Die Kapitelle der Säulen in der Lobby schmücken Vögel, Eichhörnchen – und Dutzende Grotesken, die u. a. ihn selbst darstellen, wie er stolz das Hochhaus in Händen hält, oder seinen Auftraggeber, der gierig seine Pennys, Nickels und Dimes zählt. Abgesehen davon lässt sich die Woolworth Lobby nur mit einem Wort beschreiben: spektakulär. Sie erinnert an ein opulentes Gotteshaus. Majestätischen Marmorsäulen und grandiosen Bögen folgt der Blick nach oben zu prächtigen Marmormosaiken. Das orange-gelb beleuchtete Deckenfenster von Tiffany könnte aus Chartres stammen. Ein Klappaltar im Stil der Renaissance zeigt die Götter der Arbeit und des Handels. Und mit ein wenig Fantasie könnte man die hölzernen Aufzüge für katholische Beichtstühle halten.

NACHDEM FRANK WOOLWORTH Konsum-
güter für die kleinen Leute erschwinglich gemacht hatte,
wollte er sie mit dem Bau dieses Firmensitzes auch an
seinem sagenhaften Reichtum teilhaben lassen. Im
direkten Zugang zur Subway gab es Shopping-Arkaden,
und anders als heute konnte jeder die Lobby betreten.
Die vielen witzigen Details sollten die Öffentlichkeit
amüsieren und den Besuch erlebnisreich gestalten.
Mission accomplished, würde ich sagen! Selbst mehr als
100 Jahre später hat die herrliche Lobby nichts von ihrem
»Wow-Effekt« verloren. Sie dem Publikum durch eine
Führung wieder zugänglich zu machen ist ganz im Geiste
ihres Erfinders. Der hätte sich auch über die 2017 eröffnete
Bar The Wooly Public (thewoolypublic.com) gefreut, wo die
unterschiedlichsten Menschen zusammenkommen, um
vor, nach oder ganz ohne die Tour eine kulinarische Pause
einzulegen. Bestimmt hätten die Bilder von wollenen
Mammuts an den Wänden Cass Gilbert und Frank Woolworth ein Schmunzeln entlockt.

WENN MAN SCHON
MAL HIER IST:
»Echte« Kirchenarchitektur gibt es nach
einem zehnminütigen Broadway-Bum-
mel in der **Trinity Church** ☐→ zu bewundern. Ihre Bronzetüren sind vom Floren-
tiner Baptisterium inspiriert und weisen
zur Wall Street (trinitywallstreet.org).
In der dortigen **Federal Hall** (Mo–Fr
9–17 Uhr, Eintritt frei) ist u. a. die Bibel
ausgestellt, auf die George Washington
seinen Amtseid leistete. Weiter südlich
am **Bowling Green** repräsentiert der
3,5 Tonnen schweren **»Charging Bull«**
aus Bronze die Finanzwelt.

GROSSSTADTFLUCHT

EIN INSELHÜPFER
AUF DIE GOVERNORS ISLAND

DOWNTOWN
MANHATTAN-->

U SOUTH FERRY STATION

× <--GOVERNORS ISLAND

+ + + S T E C K B R I E F + + +

WO? FÄHRE AB BATTERY MARITIME BUILDING.
10 SOUTH STREET IN LOWER MANHATTAN (U SOUTH
FERRY STATION MIT LINIE 1) ODER VOM BROOKLYN
BRIDGE PARK PIER 6 IN BROOKLYN (U BOROUGH
HALL) +++ **WANN?** 1. MAI BIS ENDE SEPTEMBER
MO-SA 10-18 UHR. FR/SA BIS 22 UHR. SO BIS
19 UHR. IM OKTOBER MO-FR 10-18 UHR. SA/SO
BIS 19 UHR +++ **WIE VIEL?** $ 3 HIN- UND RÜCK-
FAHRT. SENIOREN $ 1. KINDER UNTER 13 JAHREN
FREI. SA UND SO BIS 12 UHR FREI FÜR ALLE!
+++ **WICHTIG!** RUHE FINDET MAN EHER UNTER DER
WOCHE. IM SOMMER UND AN DEN WOCHENENDEN KANN
ES VOLL WERDEN UND ZU WARTEZEITEN AN DEN
FÄHREN KOMMEN +++

GÜNSTIG. FAMILIENFREUNDLICH

WER TAGELANG ADRENALINSCHWANGER durch die Straßenfluchten von Manhattan eilt, der will mal raus aus dem Trubel, für ein paar Stunden den Menschen, Abgasen und dem permanenten Baulärm entkommen. 5 Dezibel leiser, 2 Grad kühler und 17 Prozent besser soll die Luft nur knappe 10 Minuten entfernt sein – das klingt geradezu paradiesisch! Die Oase, die mir das verspricht, heißt Governors Island und ist eine von mehr als 40 Inseln in den Gewässern um New York. Nur 700 Meter Luftlinie trennen sie vom Battery Park, von Red Hook in Brooklyn sind es etwa 400 Meter über den Buttermilk Channel. Genug, um in einer ganz anderen Welt zu landen, 70 Hektar groß und unbewohnt. Hier gibt es kein Starbucks und keine Autos – dafür 3,5 Kilometer Uferpromenade, Bioeis und eine Wiese mit 50 roten Hängematten. Auf die habe ich es abgesehen. Ich bin reif für die Insel!

ES IST EIN SONNIGER Mittwoch im Oktober, als die Fähre mit mir und vielleicht 30 anderen Erholungssuchenden an den beiden markanten rostroten Schilderbrücken anlegt. Der holländische Gouverneur, der Governors Island den Namen gab, hatte die Insel 1637 von zwei Indianern gekauft, um hier zu siedeln. Da hieß sie noch Nut Island und war mit Hickory-, Eichen- und Walnussbäumen bewaldet. Der Spottpreis: zwei Axtklingen, einige Perlen und eine Handvoll Nägel. Noch weniger bekam die Regierung 1995 von den Bürgern New Yorks für das Eiland bezahlt: Genau einen Dollar war es ihnen wert. Seit Jahrzehnten militärisches Sperrgebiet, lag Govenors Island lange im Dornröschenschlaf. Zwar hat man große Areale mittlerweile in eine stetig wachsende Parklandschaft verwandelt. Doch führt mich mein Weg zunächst an der Festung Castle Williams vorbei durch eine Geisterstadt aus verfallenen Kasernen, Häusern und Kirchen, in die nur langsam neues Kulturleben einzieht. Eine Kulisse fast wie an einem apokalyptischen Filmset! Doch Kunstgalerien, Schulen, ein Hotel und Spa sind in Planung, schließlich hat diese Immobilie Potenzial.

DAS FREIZEITANGEBOT WÄCHST

jede Saison – und mit ihm die Zahl der Besucher. Fast 800.000 Ausflügler wurden letztes Jahr gezählt, die meisten stammen aus New York. Sie suchen nicht nur Entspannung, sondern auch Abwechslung, Abenteuer und Thrill, wollen eine der rund 70 Kunstausstellungen, Festivals oder Kinoabende erleben oder sich vom Slide Hill hinabstürzen, der längsten Rutsche New Yorks. Ruhigere Gemüter leihen sich ein Boot oder Fahrrad, sitzen in der Strandbar unter Plastikpalmen oder auf dem Outlook Hill, der Traumaussichten auf Freiheitsstatue und Co. bietet. Auch ich habe die Kasernen jetzt hinter mir gelassen, vor mir windet sich der sonnendurchflutete Hammock Grove um die vier „Hills" – die begrünten Hügel im Herzen des Parks. Aus dem makellosen Rasen ragen Holzpfähle empor, zwischen denen einladend die Hängematten baumeln. Eulen, Bunt- und Jagdfalken sollen hier irgendwo nisten. Ich sehe nur Seeschwalben, die friedlich über mir kreisen, während ich sanft schaukelnd meine kleine Großstadtflucht genieße. Mensch, war ich reif für diese Insel!

WENN MAN SCHON MAL HIER IST:

Vom Pier neben dem **Maritime Building** legt die Fähre nach **Staten Island** ab, die kostenfrei an der **Freiheitsstatue** □→ vorbeifährt (siehe S. 43). Die kleine Kirche, die gegenüber im Häusermeer versinkt, ist der Schrein der ersten amerikanischen Heiligen: Elizabeth Seton (7 State Street, Mo–Fr 8–17 Uhr, spcolr.org/st-seton-shrine-1). Kinder lieben die leuchtenden Fische, auf denen sie im **Seaglass Carousel** reiten können (tägl. 10–22 Uhr, $ 5, seaglasscarousel.nyc).

SKYLINE IN SICHT

EIN SEGELTÖRN IN DEN SONNENUNTERGANG

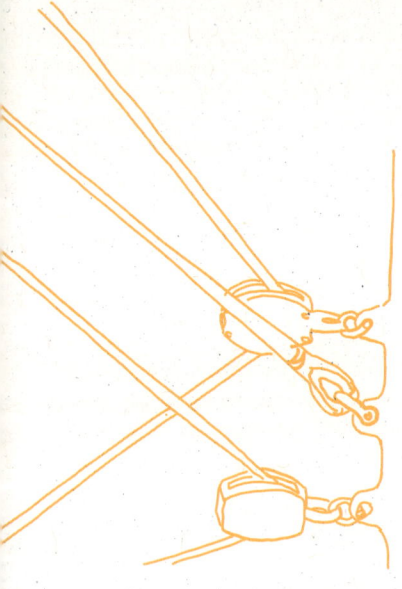

DOWNTOWN MANHATTAN--> 🅤 CORTLANDT ST

+ + + **S T E C K B R I E F** + + +
WO? NORTH COVE MARINA AM BROOKFIELD PLACE
+++ U CORTLANDT ST MIT LINIE 1 +++ **WANN?** ALLE
TERMINE UNTER MANHATTANBYSAIL.COM/SAILS/
SAILS-BY-VESSEL/SHEARWATER/1 +++ **WIE LANGE?**
90 MINUTEN +++ **WIE VIEL?** $ 55. KINDER BIS
13 JAHRE $ 25 +++ **WICHTIG!** AUF DEM WASSER
KANN ES ABENDS EMPFINDLICH KÜHL WERDEN. DA-
RAUF SOLLTE MAN EINGERICHTET SEIN! +++

SO MUSS SICH EINST der große Gatsby gefühlt haben, wenn er an Bord einer seiner Yachten ging! Die Shearwater stammt von 1929, als Luxusliner boomten und Segeln noch das Privileg der Reichen war. Der 25 Meter lange Zweimaster ist nicht das größte und komfortabelste Segelschiff, das man für einen Törn in den Sonnenuntergang besteigen kann, aber mit Abstand das schönste. Alles in Handarbeit aus Pinie, Eiche, Mahagoni und Teak gezimmert. Das einzige schwimmende Denkmal New Yorks! Irgendwie passend für eine Stadt, die neben Hongkong und San Francisco der größte natürliche Seaport der Welt ist. Vor 50.000 Jahren meißelten Wandergletscher Furchen und Schluchten in die Region. Diese Gletscherspuren, gefüllt mit dem Wasser des Atlantischen Ozeans, machen heute die Hafengewässer New Yorks aus.

WO KÖNNTE MAN DIE LEGENDÄRE

Skyline dieser Metropole besser bewundern als auf dem Wasser? Zu diesem Zweck schippern Dutzende Fähren und Ausflugsdampfer um die Insel Manhattan herum. Doch den besonderen Hauch von Eleganz und Abenteuer erlebt man, finde ich, nur beim Segeln. 235 Quadratmeter können gehisst werden, wer möchte, darf unserem Matrosen Art dabei helfen. Die Shearwater fuhr als Regatta-Yacht rund um die Welt, im Zweiten Weltkrieg diente sie als Patrouillenboot. Originalgetreu saniert, bietet sie heute Platz für eine kleine Besatzung und 50 Gäste. Zum Glück ist gegen Ende der Saison nicht so viel los. Ausgebucht wäre es an Deck sicher eng geworden, denn reguläre Sitzplätze gibt es nicht. Entspannt hocken wir also auf Planken, Luken und dem Kajütendach, während Lana, unsere freundliche Bedienung, kalte Getränke aus der Bar fischt: einer Kühltasche, die vorn bei der Fock steht. Die Pracht der Kajüte dürften wir nicht verpassen, ermuntert uns Kapitän Dave das Innere des Schiffes zu erkunden. Es fühlt sich wie in einem noblen Hotelzimmer an, wenn nicht das sachte Schaukeln wäre.

NUR LANGSAM nehmen wir Fahrt auf, es herrscht ziemliche Flaute. Schade, bedauert Dave. Denn eigentlich gelte New York als anspruchsvolles Segelrevier, wegen der ordentlichen Tide, der vielen Strudel und der wechselnden, kräftigen Winde. Selbst erfahrene Kapitäne, die zuvor erfolgreich das Kap Hoorn umschifft oder Packeis durchbrochen hätten, würden hier Schiffbruch erleiden. Davon zeugten Hunderte von Wracks. Eine wahre Geisterflotte liege da drüben zu Füßen der Freiheitsstatue. Das kann ich mir an diesem lauen Abend nur schwer vorstellen. Während sich der Himmel rot verfärbt, gehen bei Lady Liberty die Lichter an. Sie wird zum wohl schönsten Leuchtturm der Welt. Mit ihr im Rücken gleiten wir leise Richtung Brooklyn Bridge durch die Nacht, als ein Feuerwerk unsere Ruhe sprengt. Eine Inszenierung speziell für das goldene Hochzeitspaar an Bord, scherzt unser Kapitän. In Wahrheit haben wir diese bunt schillernde Romantik dem Christopher Columbus Day zu verdanken. Amerika feiert sich selbst, und wir feiern mit.

WENN MAN SCHON MAL **HIER** IST:

Zu empfehlen ist ein Bummel durch **Brookfield Place**, die edle Einkaufspassage direkt am Hafen mit Palmenhof und Gastroetage (230 Vesey Street, tägl. 10–20 Uhr, So bis 18 Uhr, Foodhall 1 Stunde länger, brookfieldplaceny.com). Ein kurzer Spaziergang am Ufer führt zu einem Bau in Form des Davidsterns: dem sehenswerten **Museum of Jewish Heritage** (siehe S. 44) ☐➔. Im **Pier A Harbor House** (siehe S. 46) nehmen Sie danach einen Drink – im Freien.

WENN MAN
SCHON MAL IN
DOWNTOWN MANHATTAN
UND
SEAPORT DISTRICT
IST

+++ SEHEN +++
+++ ESSEN +++
+++ AUSGEHEN +++
+++ SHOPPEN +++
+++ SCHLAFEN +++

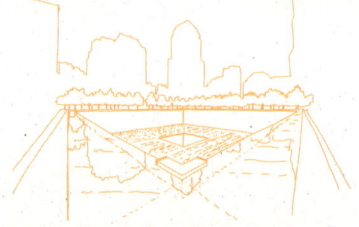

NATIONAL SEPTEMBER 11 MEMORIAL PLAZA UND MUSEUM □↑

Man hat ewig am Konzept gefeilt, um ein würdiges Denkmal zu setzen – zur Erinnerung an die Terroranschläge und als Symbol der Hoffnung. Der Gedenkplatz wurde auf den Grundflächen der eingestürzten Zwillingstürme gebaut. An ihrer statt klaffen quadratische Löcher im Boden, an deren Rändern Wasserfälle in die Tiefe stürzen. Das Museum liegt unter diesen Brunnen wie eine Krypta. Der Besuch lohnt, denn die Ausstellung zeigt nicht nur Leid und Verlust, sondern auch menschliche Größe und Mut, die nachhaltig beeindrucken.

+++ 180 GREENWICH STREET +++ U WORLD TRADE CENTER +++ TÄGL. 7.30-21 UHR +++ $ 24. ERM. $ 20. KINDER $ 15 +++ DER DOWNLOAD DER MOBILEN APP UNTER 911MEMORIAL.ORG/GUIDE IST ZU EMPFEHLEN +++

ONE WORLD OBSERVATORY

1776 Fuß (541 Meter) ist der Turm hoch, symbolisch für das Datum der amerikanischen Unabhängigkeit. Die Fahrt auf die Aussichtsetagen im 100. bis 102. Stock dauert nur 47 Sekunden, in denen man multimedial 400 Jahre Geschichte durchreist. Die 34 Dollar sind gut investiert, der 360°-Blick von oben ist der beste über Manhattan.

+++ 285 FULTON STREET +++ U WORLD TRADE CENTER +++ TÄGL. 8–21 UHR. SEPT.–DEZ. UND FEB.–APRIL 9–21 UHR +++ ZEITTICKETS VIA ONEWORLDOBSERVATORY.COM +++

STATUE OF LIBERTY
UND ELLIS ISLAND

Die 46 Meter hohe Wächterin des Hafens und der Freiheit ist das Wahrzeichen New Yorks. Errichtet 1886, war sie ein Geschenk der Franzosen und sollte ein Zeichen der Freundschaft beider Länder sein. Ein nagelneues Museum informiert. Unbedingt Zeit für Ellis Island einplanen, das Einwanderermuseum geht unter die Haut.

+++ KARTENVERKAUF ONLINE ODER IM CASTLE CLINTON. BATTERY PARK +++ U BOWLING GREEN +++ BESICHTIGUNGSOPTIONEN UND EINSCHRÄNKUNGEN BEACHTEN +++ TÄGL. AUSSER 25. DEZ. AB 8.30 UHR ODER 9 UHR +++ $ 18.50. KINDER BIS 12 JAHRE $ 9 +++ NPS.GOV/STLI/PLANYOURVISIT +++

MUSEUM OF JEWISH HERITAGE

Das Museum ist ein lebendiges Denkmal. Auf drei Etagen wird jüdisches Leben vor, während und nach dem Zweiten Weltkrieg dokumentiert. Der Holocaust ist aus Sicht der Opfer erzählt. Persönliche Gegenstände, Fotografien und Berichte Überlebender sollten uns auch nach über einem halben Jahrhundert mahnen und wachhalten.

+++ 36 BATTERY PLACE +++ U BOWLING GREEN ODER REC-TOR ST +++ $ 12. SENIOREN $ 10. STUDENTEN. KINDER $ 7 +++ ÖFFNUNGSZEITEN UNTER MJHNYC.ORG +++

AFRICAN BURIEL GROUND

Vor den Mauern von Nieuw Amsterdam wurden bis 1794 die Afroamerikaner New Yorks bestattet. Sie stellten die Hälfte der Einwohner der Stadt, jeder zweite von ihnen war Sklave. Nachdem ihre Gebeine bei Bauarbeiten entdeckt wurden, entstand 2007 das Denkmal, in dessen Rund man durch eine Art Grabkammer gelangt. Hintergrundinfos zur afrikanischen Symbolik unter nps.gov/afbg/learn/history culture/ancestral-chamber.htm.

+++ AFRICAN BURIEL GROUND WAY/DUANE STREET +++ MUSEUM: TED WEISS FEDERAL BUIL-DING. 290 BROADWAY +++ U CHAMBERS ST +++ DI-SA 10-16 UHR +++ EINTRITT FREI +++

NOBU DOWNTOWN

Standard und Qualität sind bei diesem berühmten Japaner zuverlässig hoch. Das Ambiente ist schick-entspannt, $ 35 für ein dreigängiges Pre-Fixe-Lunch sind normal. Wer es dem Koch überlassen möchte, was er serviert (Omakase mit 6 Gängen, abends), ist mit $ 102 dabei.

+++ 195 BROADWAY +++ U CORTLANDT ST +++ LUNCH MO-FR 12-14.15 UHR. DINNER 18-22.15 UHR. DO-SA BIS 23.15 UHR. BRUNCH SO 12-15 UHR +++ NOBURESTAURANTS.COM/DOWNTOWN/HOME +++

SHAKE SHACK BURGER

Das Burger-Imperium entstand aus einem Hotdog-Stand! Es ist für die besten Milkshakes und »Shroom Burger« der Stadt bekannt – deren Brötcheninhalt: ein mit Käse gefüllter Pilz.

+++ 215 MURRAY STREET +++ U CHAMBERS ST +++ TÄGL. 11-23 UHR +++ SHAKESHACK.COM +++

LUKE'S LOBSTER

115 g Hummer im Brötchen mit geschmolzener Zitronenbutter und Mayonnaise sind der Klassiker bei Luke's ($ 17).

+++ 26 SOUTH WILLIAM STREET +++ U WHITEHALL ST +++ MO-FR 11-21 UHR. SA-SO 12-20 UHR +++ LUKESLOBSTER.COM/LOCATION/FIDI +++

GROUND CENTRAL COFFEE

Ein Café, so gemütlich eingerichtet wie ein Wohnzimmer. Street-Art und relaxte Beats sorgen für einen entspannten Vibe, ein winziger Balkon für Frischluft. Es gibt auch Sandwiches und Süßkram.

+++ 2 COENTIES SLIP +++ U WHITEHALL ST +++ MO-FR 6.30-19 UHR. SA/SO 9-18 UHR +++ GROUND-CENTRAL.COM +++

PIER A HARBOR HOUSE

Eine gediegene Bar im Stil der 30er-Jahre von Kuba, wohin der Jet Set damals der Prohibition entfloh. Klasse Cock-. tails zu amerikanischer und lateinamerikanischer Küche.

+++ 22 BATTERY PLACE +++ U BOWLING GREEN +++ DI, DO UND SO LIVEMUSIK +++ TÄGL. 17-2 UHR +++ BLACKTAILNYC.COM +++

JEREMY'S ALE HOUSE

Die beste Dive Bar (= Kneipe) der Gegend. Günstiges Bier ($ 6) aus Styroporbechern, dazu frittiertes Seafood.

+++ 228 FRONT STREET +++ U FULTON ST +++ MO-FR 8-24 UHR, SA AB 10 UHR, SO AB 12 UHR +++ HAPPY HOUR 16-18 UHR +++ JEREMYSALEHOUSE.COM +++

CENTURY 21

Schnäppchenjagd auf 6 Etagen. Die Chancen, stark redu- zierte Designertaschen, Sonnenbrillen, Unterwäsche und Kosmetik zu ergattern, stehen gut.

+++ 22 CORTLANDT STREET +++ U CORTLANDT ST +++ MO-MI 7.45-21 UHR, DO/FR BIS 21.30 UHR, SA 10-21 UHR, SO 11-20 UHR +++ C21STORES. COM +++

10 CORSO COMO □↑

Wie ein Streifzug durch ein Modemagazin mutet der Bummel durch den Lifestyleladen an. Italienische Kunst, Mode, Musik und Gastronomie auf 2.600 Quadratmetern.
+++ 11 FULTON STREET +++ U FULTON ST +++ MO-SA 11-19 UHR. SO 12-18 UHR +++ 10CORSOCOMO. COM/NEW-YORK +++

+ + + + + + + + + + +   SCHLAFEN   + + + + + + + + + + + +

GILD HALL

Hier trifft Retro auf Moderne, Aspen auf die Wall Street. Weiße Backsteinwände, Holzmöbel und viel Leder verbreiten gehobenen Landhauscharme. Die 126 Zimmer sind dunkel, wirken dank hoher Decken aber großzügig. Die Minibar ist mit Dean & Deluca-Snacks bestückt. Das italienische Restaurant Felice 15 ist teure Spitzenklasse und vermittelt einen Hauch Toskana.
+++ 15 GOLD STREET +++ U WALL ST +++ DZ AB $ 170-550 OHNE FRÜHSTÜCK +++ THOMPSONHOTELS.COM +++

ALOFT DOWNTOWN

Das Hotel bietet nur die Basics: kleine, aber moderne und saubere Zimmer, wenig Service, kein Restaurant, nur Snacks, aber eine ganz gute Bar. Die zentrale Lage macht das Dreisternehaus zu einer guten Wahl. Über Buchungsportale ab $ 110/Nacht.
+++ 49-53 ANN STREET +++ U FULTON ST +++ ALOFTMANHATTANDOWNTOWN.COM +++

2
DIE ETHNISCHEN VIERTEL: CHINATOWN, LOWER EAST SIDE, LITTLE ITALY

+++ ERLEBEN +++

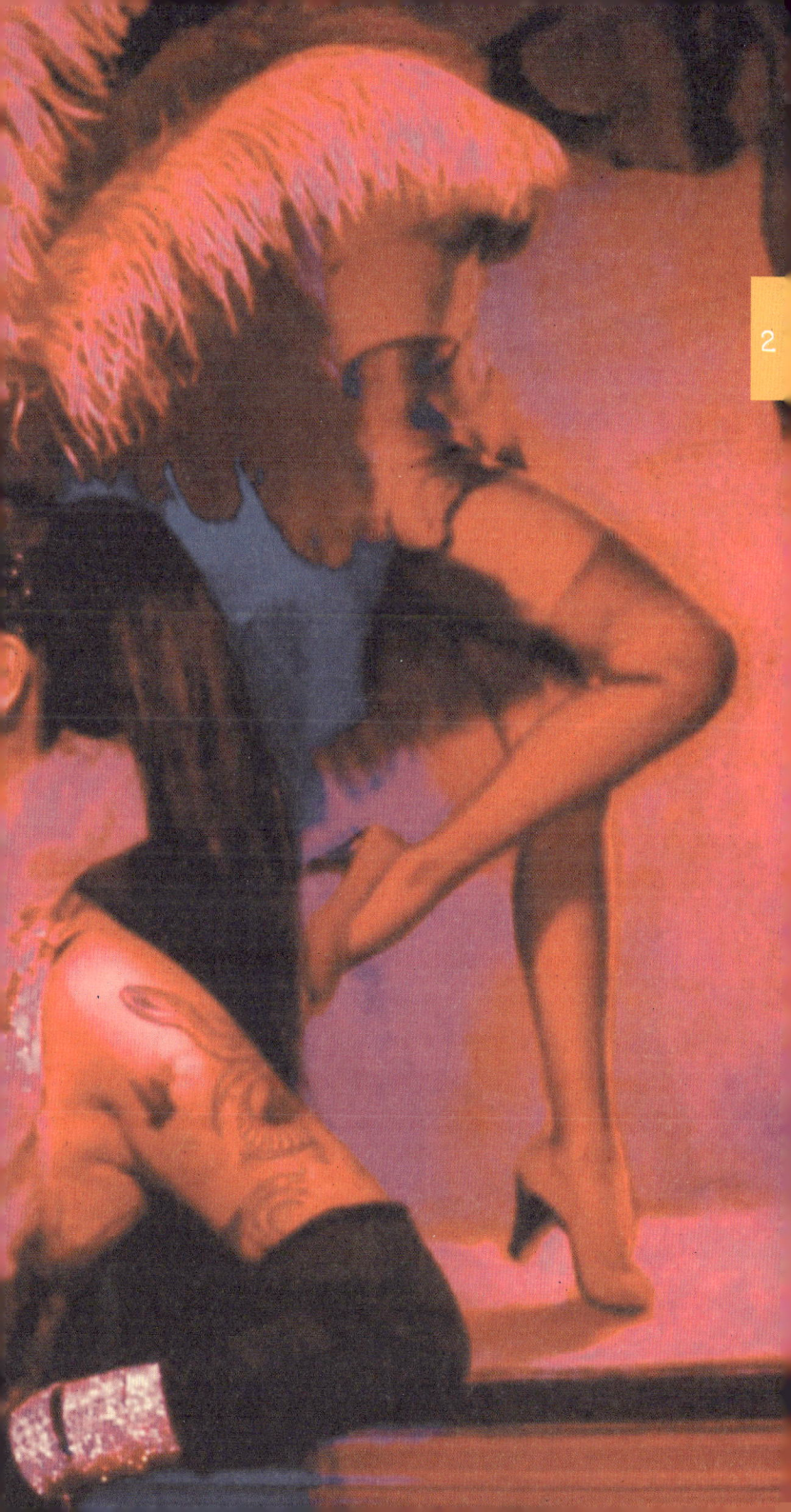

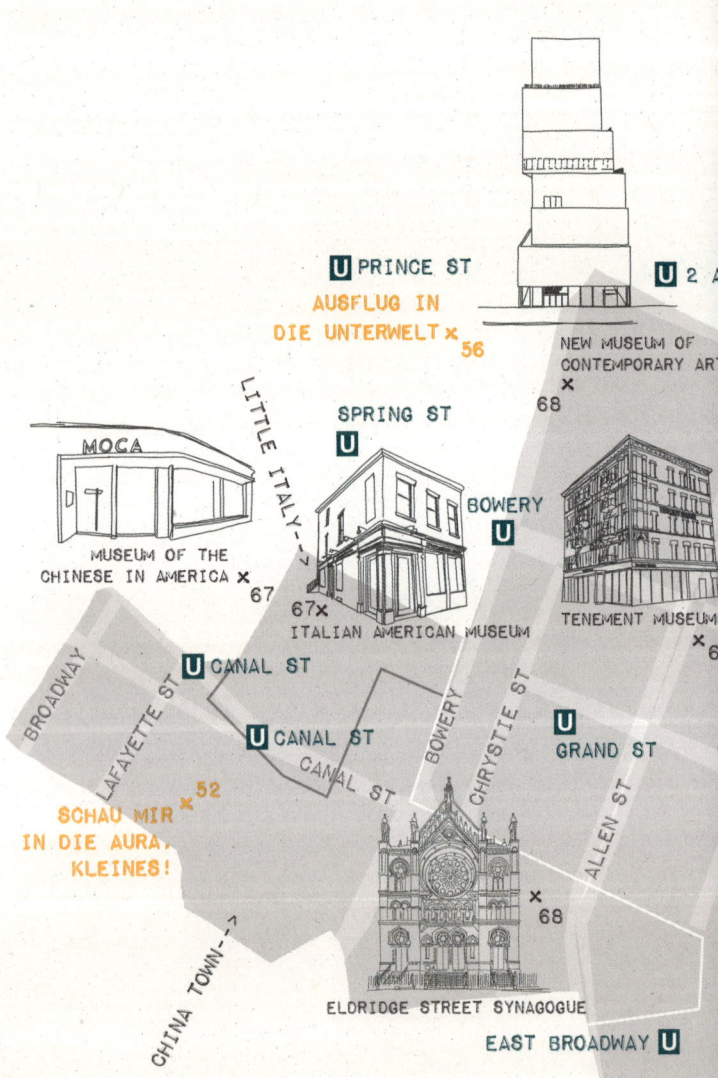

U PRINCE ST

AUSFLUG IN
DIE UNTERWELT ✗
56

U 2 A

NEW MUSEUM OF
CONTEMPORARY ART
✗
68

LITTLE ITALY--->

MOCA

MUSEUM OF THE
CHINESE IN AMERICA ✗
67

SPRING ST
U

BOWERY
U

ITALIAN AMERICAN MUSEUM
67 ✗

TENEMENT MUSEUM
✗ 6

BROADWAY

LAFAYETTE ST

U CANAL ST

U CANAL ST

CANAL ST

BOWERY

CHRYSTIE ST

U
GRAND ST

ALLEN ST

SCHAU MIR ✗ 52
IN DIE AURA,
KLEINES!

CHINA TOWN--->

ELDRIDGE STREET SYNAGOGUE
✗
68

EAST BROADWAY U

NÖRDLICH des Finanz- und Verwaltungsbezirks liegen die ehemaligen Einwandererviertel. Die Straßenzüge, die früher 40.000 Italiener und 300.000 europäische Juden bevölkerten, werden heute überwiegend von Chinesen bewohnt. inzwischen ist vom Mix der Nationen vor allem die kulinarische Vielfalt geblieben. Neu sind die Hipster, die besonders im Norden Little Italys (NoLita) und der Lower East Side schicke Boutiquen und Szenebars eröffnet haben.

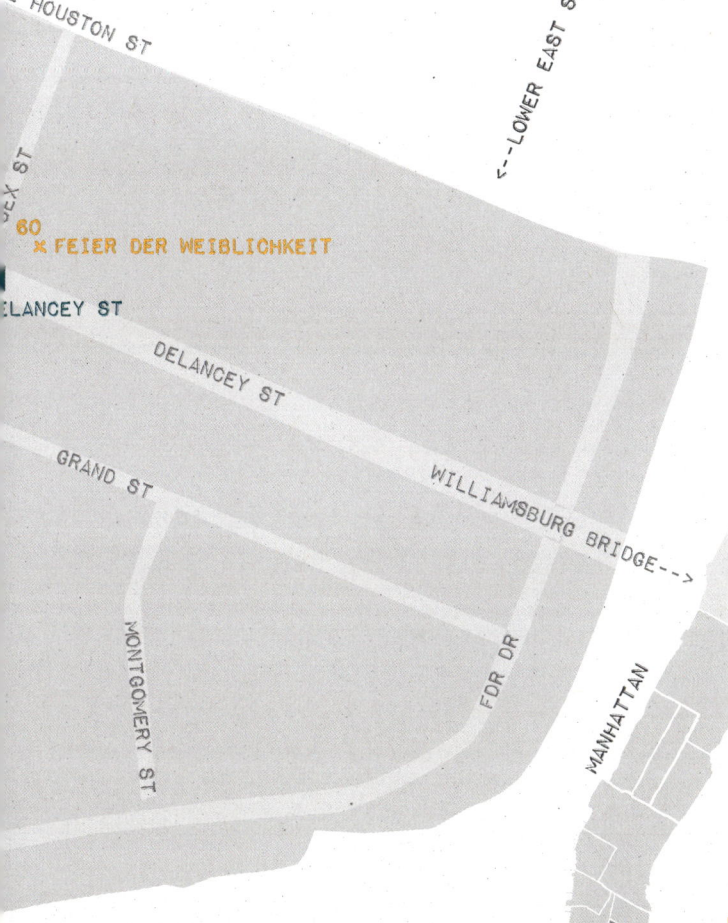

E HOUSTON ST

‹‹‹LOWER EAST SIDE

EX ST

60
× FEIER DER WEIBLICHKEIT

ELANCEY ST

DELANCEY ST

GRAND ST

WILLIAMSBURG BRIDGE‐‐>

MONTGOMERY ST

FDR DR

MANHATTAN

SCHAU MIR IN DIE AURA, KLEINES!

EIN SPIRITUELLES READING IN CHINATOWN

DIE ETHNISCHEN VIERTEL--> U CANAL ST

+ + + S T E C K B R I E F + + +
WO? MAGIC JEWELRY SHOP, EINGANG 108 CENTER
STREET +++ U CANAL ST MIT LINIEN J, N, Q, R, W, Z
UND 6 +++ WANN? TÄGLICH 11.30 BIS 19 UHR, DO
NUR BIS 18 UHR +++ WIE LANGE? 20 MINUTEN, JE
NACH WARTEZEIT +++ WIE VIEL? $ 20 FÜR EIN
FOTO UND EINE INTERPRETATION +++ WICHTIG!
NUR BARZAHLUNG! +++

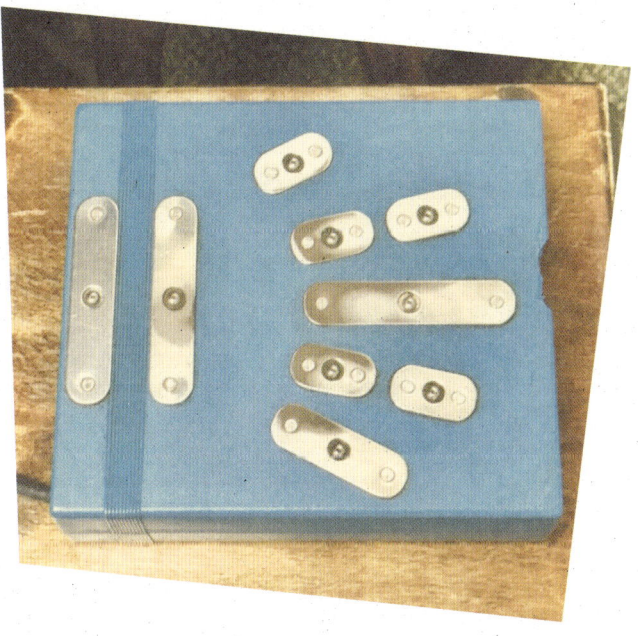

ICH BIN KEIN BESONDERS spiritueller, aber immerhin ein neugieriger Mensch. Jemand, der zwar ab und an Horoskope in der Zeitung liest, doch seinen Aszendenten nicht kennt. Obwohl stark verhaftet in der realen Welt, glaube ich trotzdem an höhere Mächte, die medial begabte Menschen erspüren können. Dass es »mehr« als nur die Gene sind, die uns ausmachen. Wir suchen nach diesem »Mehr« in den Sternen, lassen uns aus der Hand lesen oder legen Karten. Zum Glück gehört die Eingeweideschau der Vergangenheit an! Manch einer sucht Selbsterkenntnis auch in der »Aura«, dem elektromagnetischen Feld, das angeblich jeden Gegenstand und jedes Lebewesen umgibt und in dem man Charakter, Fähigkeiten und die geistige Stärke eines Menschen erkennen kann. Um eine Aura zu sehen, braucht es »die Kraft des dritten Auges« – oder eine spezielle Kamera!

EINE GLOCKE BIMMELT, als wir Magic Jewelry betreten. Wir sind offenbar die ersten Kunden in dem kleinen Laden, der Kristalle und Halbedelsteine verkauft. Eine ältere Chinesin blickt von ihrem Handy auf. »Aura-Reading«?, fragt sie wohl wissend. Ich nicke, sie zeigt auf einen Hocker, der in der Ecke vor einem schwarzen Vorhang steht. Daneben zwei seltsame blaue Kisten mit Sensoren, auf die ich kurze Zeit später meine Hände lege. Sie sind mit einer klobigen Metallbox verkabelt, die von einem Stativ getragen wird. Das also ist die Kamera, die meine Aura einfangen soll. Ich habe gelesen, dass sie 1939 von einem russischen Elektriker namens Semyon Kirlian entwickelt wurde, und will das Ding fotografieren. »No photography, no photography!«, wehrt die Dame energisch ab. Sie heißt Debbie Chan und ist Feng-Shui-Meisterin. Wie das denn funktioniere, möchte ich von ihr wissen. Die Sensoren, sagt sie, würden meine Energie aufnehmen und diese Information an die Kamera weiterleiten, die sie dann in Farbe verwandelt. Ich setze mich, es macht klick, und das war's. Wie bei einer Sofortbildkamera muss ich einige Minuten auf mein Foto warten. Dann zieht Debbie die Folie ab.

ICH SEHE DIE SILHOUETTE meines Oberkörpers, um den herum alles blau, lila und grün ist. Meine Aura. Missis Chan betrachtet das Bild und erklärt, das Foto werde in drei Teilen gelesen: Vergangenheit, Gegenwart und Zukunft. Mit der Vergangenheit hält sie sich nicht lange auf. Ich hätte viel Energie, sagt sie, besäße einen kreativen Geist und sei mit den Dingen im Reinen. Auch bräuchte ich mehr Ruhe – wer tut das nicht? Meine Beziehung sei sehr glücklich und von Dauer. Die Aussage freut mich und muss stimmen: Ich habe mittlerweile geheiratet. Inzwischen stehen mehrere Pärchen Schlange. Frau Chan wendet sich dem Bild meines Mannes zu, das orange und rot leuchtet. Ganz eindeutig ein emotionaler Familienmensch und eine treue Seele. Gut zu wissen, denke ich. Ob es dafür das Foto gebraucht hätte, sei dahingestellt. Ich komme mit der nächsten Kundin ins Gespräch, deren Bild eher pink und lila ist. Sie erzählt mir, dass Frau Chan schon Sportverletzungen entdeckt, Ehen gestiftet und Scheidungen vorhergesagt habe. Vielleicht hat sie ja die Kamera plus die Kraft des dritten Auges!

WENN MAN SCHON MAL **HIER** IST:
Wer die **Canal Street** entlanggeht, reist nach Asien, auch und vor allem gastronomisch. Probieren Sie eine der mehr als 30 Sorten der **Chinatown Ice Cream Factory** (62 Bayard Street, tägl. 11– 22 Uhr, chinatownicecreamfactory.com) oder gönnen Sie sich im **Peking Duck House** (siehe S. 69) □→eine knusprige Ente! Wer mehr über die Lebensverhältnisse und Kultur der chinesischen Einwanderer erfahren will, kann dies im **Museum of Chinese in America** (siehe S. 67) tun.

AUSFLUG IN DIE UNTERWELT

EINE TOUR DURCH DIE KATAKOMBEN DER ST. PATRICK'S OLD CATHEDRAL

PRINCE ST U

DIE ETHNISCHEN VIERTEL-->

+ + + S T E C K B R I E F + + +
WO? TICKETS UND EINFÜHRUNG 32 PRINCE STREET
+++ U PRINCE ST MIT LINIEN R UND W +++ WANN?
TÄGLICH 11, 13 UND 15 UHR. KEINE RESERVIERUNG
ERFORDERLICH +++ WIE LANGE? 90 MINUTEN +++
WIE VIEL? $ 35 +++

KATAKOMBEN OFFENBAREN GEHEIMNISSE.

Sie sind unheimliche Labyrinthe des Todes und der Toten, vor allem, wenn sie über Jahrzehnte verschüttet waren. Da hinabzusteigen – ohne Zweifel ein Nervenkitzel! Was für die einen eine gute Nachricht sein dürfte, ist für die anderen eine schlechte: Nerven aus Stahl brauchen Sie für dieses Erlebnis nicht. Interesse an der Vergangenheit wäre von Vorteil. Denn diese Kerzenscheintour ist weniger gruselig denn exklusiv. Vor gerade einmal fünf Jahren stießen Bauarbeiter bei Sanierungsarbeiten der St. Patrick's Old Cathedral auf eine gelb verputzte Steinmauer. Dahinter verbarg sich ein dunkler Gang, der geradewegs in die bis dahin unbekannten Räume unter der Kirche führte. In ganz Amerika gibt es nur eine Handvoll Katakomben, diese sind die einzigen in Manhattan.

IN RUND 50 NISCHEN liegen längst verstummte Zeugen von New Yorks früherer Geschichte. Besuchen kann man sie erst seit 2017, und auch nur mit Tommy's New York Tours. Bevor wir in der Kirche und ihren unterirdischen Gängen des Todes verschwinden, lernen wir in einem Konferenzraum unseren Guide Mike kennen. Er gibt Historisches und Trivia zum Stadtbezirk und der Kathedrale preis, die seit 2010 eine Basilika ist, zuständig für die Gemeinde des Papstes in Manhattan. Noch Ende des 18. Jahrhunderts lebten erst ein paar Hundert Katholiken hier, doch dann flohen Tausende Italiener und Iren vor Hunger und Armut aus Europa. Bald schon wohnten mehr Iren in Little Italy als in Dublin, und eine katholische Kirche musste her, die allererste in der Stadt. 1815 wurde Old St. Patrick's geweiht. Inzwischen stehen wir am Hochaltar, und Mike erweckt die Szene aus *Der Pate III* zum Leben, in der Michael Corleone (Al Pacino) bei der Taufe seines Neffen dem Satan abschwört, während auf seine Order im Viertel gerade ein Blutbad angerichtet wird. Mit diesen Bildern im Kopf führt uns Mike hinab in die Krypta.

bis zu 12 Menschen in einem Gewölbe. Darunter befindet sich der Schweizer Frances Delmonico, der mit seinem Onkel im ersten Restaurant der Stadt kochte. Oder die Familie Lynch, die die Kunstform der italienischen Oper nach Amerika brachte. Oder Thomas O'Connor, dessen Bruder Rechtsanwalt war und Boss Tweed zur Strecke brachte, einen der ruchlosesten Halunken New Yorks. Der korrupte Politiker soll mehr als 200 (!) Millionen Dollar Steuergelder veruntreut haben. Eine der schönsten Grabkammern dürfen wir am Ende betreten. Die Gewölbekacheln stammen vom valencianischen Architekten Rafael Guastavino, dessen Arbeiten man auch im Grand Central Terminal oder der Carnegie Hall findet. Mike knipst das Licht an. Die Originalbirne schuf Thomas Edison, nun leuchtet eine Kopie. Das Licht reicht nicht aus, um die Inschriften zu lesen. Wir gehen nah ran. Gar nicht so einfach, wenn man nur ein winziges, batteriebetriebenes Grablichtlein in den Händen hält. Offenes Feuer ist leider tabu – ist die Kirche doch 1866 bereits einmal abgebrannt.

WENN MAN SCHON MAL **HIER** IST:

Die kulinarischen Höhepunkte von Little Italy zeigen sich vor allem in der **Grand Street**. Delikatessen importiert **DiPalo Fine Foods** ☐→ (Nr. 200), **Alleva Dairy** (Nr. 188) verkauft seit 1892 Käse (Amerikas ältester Cheese Shop!). Die beste Pasta macht **Piemonte Ravioli** (Nr. 190). Das Haselnusseis von **Ferrara Bakery** hat Suchtfaktor (Nr. 195) und **Lombardi's Pizza** ist weltberühmt (32 Spring Street). Wie die Italiener New York außerdem bereichert haben, zeigt das **Italian American Museum** (siehe S. 67).

FEIER
DER WEIBLICHKEIT

EIN BURLESQUE-ABEND
BEI NURSE BETTIE

DIE
ETHNISCHEN
<--VIERTEL

DELANCEY ST

+ + + S T E C K B R I E F + + +
WO? 106 NORFOLK STREET +++ U DELANCEY ST MIT
LINIEN F, J, M UND Z +++ WANN? MI UND DO AB
22 UHR +++ WIE LANGE? 90 MINUTEN +++ WIE
VIEL? KOSTENLOS +++ WICHTIG! ETWAS FRÜHER
KOMMEN. DIE HAPPY HOUR GILT BIS 22 UHR! +++

»KRANKENSCHWESTER BETTIE«, das klingt nach Neonlicht und langen Fluren. Die Bar »Nurse Bettie« jedoch ist schummrig und wirklich winzig klein: eine Location mit zwei Sitzecken, einer gut sortierten Theke und vielen Hockern. An den blanken Backsteinwänden hängen Bilder von Pin-up-Girls, der erste Hinweis darauf, dass hier mehr geboten wird als hochprozentige Drinks und chillige Beats. Es ist kurz vor 22 Uhr, und wir passen kaum mehr durch die Tür, so rappelvoll ist es. Als einzig freies Plätzchen lockt das Fensterbrett, doch der Türsteher winkt ab: Hier können wir nicht sitzen, hier wird gleich getanzt. Er sagt das, als lüfte er ein schmutziges kleines Geheimnis. Da schiebt sich auch schon Nina Josephine in einem glitzernden Nichts von Bikini durch die Menge, klettert hinauf und beginnt, Hüften und Brüste sinnlich-kokett im Takt zu wiegen.

ICH BIN ERLEICHTERT: keine auf-
gespritzten Lippen, keine vergrößerten Brüste und kein
wattiertes Gesäß, wie es für amerikanische Schönheiten
so typisch ist. Nina Josephine ist eine normale Frau.
Schlank, mit kleinem Bäuchlein und Tattoos, die sie wie
eine Auszeichnung am Leib trägt. Auch die anderen
Diven des Abends kommen in ihrer natürlichen Größe,
Form und Hautfarbe daher, um die Menge mit ironisch-
verführerischem Striptease zu unterhalten. Erste Gäste
stecken »Go-Go-Nina« Dollarnoten in den Slip, was sie
mit einem Hüftschwung extra honoriert. Dann betritt
Calamity Chang die Kleinkunstbühne. Als asiatische
»Sexation« ist sie einer der gefeierten Burlesque-Stars der
Stadt, hat diese Show entwickelt und moderiert sie nun.
Dies sei ein Fest, ruft sie in die Menge. »Seid laut, habt
Spaß und lasst euch gehen!« Das Publikum jubelt. Die
Tänzerinnen streifen Handschuhe lasziv mit den Zähnen
ab, lassen Fächer verheißungsvoll um erotische Zonen
kreisen und winden sich routiniert aus engen Korsagen.
Beim »Schultershimmy« bebt der Brustkorb, bis sich die
Pasties, die auf den Brustwarzen kleben, selbstständig
machen und wie wild im Kreis rotieren.

DIE DANCE OFF CHALLENGE bringt den Saal vollends zum Toben. Aus dem Publikum werden wahllos zwei Mädels gepickt, die 20 bis 30 Sekunden lang ihr erotisches Alles geben. Es ist erfrischend, dass sich die moderne Burlesque nicht sonderlich ernst nimmt und so viel gelacht wird. Schließlich stammt das Wort vom italienischen »burla« und steht für Schabernack. Im frühen 20. Jahrhundert entstand unter diesem Namen eine Form des Varietétheaters, bei dem der erotische Tanz, untermalt von originellen Kostümen und Requisiten, gefeiert wurde. Diese Mischung aus Glamour, Revue und dem Hauch des Verbotenen ist wiederauferstanden. Moderne Burlesque-Tänzerinnen sind selbstbewusst und selbstironisch. Die eigene Figur ist ihr Schönheitsideal. Als Vorbild dient ihnen Bettie Page, eine Wegbereiterin der sexuellen Revolution in den 1930er- bis 50er-Jahren. Das damals berühmteste Aktmodell der Welt trat gerne in schlüpfrigen Rollen auf, mal als Dschungelkönigin, mal als Domina – und am liebsten eben als Krankenschwester Bettie.

WENN MAN SCHON MAL HIER IST:

Als in der **Lower East Side** noch Juden wohnten, war der Alltag von solchen Shows weit entfernt. Seltene Einblicke in die Lebenswelt jüdischer Migranten erlaubt die Führung durch das **Tenement Museum** (siehe S. 66). **Katz's Delicatessen** □→ (siehe S. 69), **Russ & Daughters** (179 E. Houston Street, russanddaughters.com), **Yonah Schimmel Knish Bakery** (137 E. Houston Street, knishery.com) oder **The Pickle Guys** (357 Grand Street, pickleguys. com) halten die jiddische Kochkunst hoch.

WENN MAN SCHON MAL IN CHINATOWN, LOWER EAST SIDE UND LITTLE ITALY IST

+ + + SEHEN + + +
+ + + ESSEN + + +
+ + + AUSGEHEN + + +
+ + + SHOPPEN + + +
+ + + SCHLAFEN + + +

□↑

TENEMENT MUSEUM (LES)

Von Ellis Island (siehe S. 43) wurden die Einwanderer direkt in die Mietskasernen (Tenements) der Lower East Side gesteckt. Eines dieser Häuser von 1863 hat man originalgetreu restauriert und authentisch eingerichtet. In den 70 Jahren seiner Existenz lebten hier 7.000 Menschen aus 20 Nationen. Die Migranten wurden in den düsteren und schlecht belüfteten Wohnungen so eng zusammengepfercht, dass sie schichtweise schliefen. Es gab kein fließendes Wasser, nur eine Toilette im Hof. Im Sommer war es brütend heiß, im Winter eisig kalt. Die 60- bis 90-minütigen Führungen vermitteln ein realistisches, wenn auch beklemmendes Bild der Wohnsituation der Neuankömmlinge. In der Live!-Tour trifft man auf kostümierte Schauspieler in der Rolle historischer Bewohner.

+++ KARTENVERKAUF UND SHOP 103 ORCHARD STREET. MUSEUM 97 ORCHARD STREET +++ U DELANCEY ST +++ $ 25, ERM. $ 20 +++ TENEMENT.ORG BIETET INFORMATIONEN ZU DEN VERSCHIEDENEN THEMATISCHEN FÜHRUNGEN UND STADTSPAZIERGÄNGEN +++

MUSEUM OF CHINESE IN AMERICA (CHINATOWN)

Derzeit leben schätzungsweise 3,3 Millionen Chinesen in den USA. Sie schufen sich ihr eigenes Peking am Hudson – eine Stadt in der Stadt, eine Welt für sich. Den Zugang zu diesem Universum will das Museum of Chinese in America ermöglichen. Hier staunt man über chinesische Schreibmaschinen mit Tausenden von Zeichen (jedes Wort ist ein eigenes Zeichen), ist schockiert von den schlecht bezahlten Knochenjobs in der Textilindustrie und bewundert, was Chinesen trotz dieser Widrigkeiten erreicht haben, vor allem als Geschäftsleute und in der Medizin.

+++ 215 CENTER STREET +++ U CANAL ST +++ DI/MI UND FR-SO 11-18 UHR, DO BIS 21 UHR +++ $ 10, ERM. $ 5, ERSTER DO IM MONAT FREI +++ MOCANYC.ORG +++

ITALIAN AMERICAN MUSEUM (LITTLE ITALY)

Hier können die italienischen Immigranten auf vier Etagen mit ihren Wurzeln in Verbindung bleiben und die Sehnsucht nach dem verlorenen Dolce Vita stillen.

+++ 185-189 GRAND STREET +++ U GRAND ST +++ DERZEIT IM BAU (WIEDERERÖFFNUNG VORAUSS. WINTER 2019) +++ ITALIANAMERICANMUSEUM.ORG +++

ELDRIDGE STREET SYNAGOGUE (LES)

Die toll restaurierte Synagoge von 1887 ist eine der ältesten erhaltenen Synagogen für osteuropäische Juden in den USA und ein bedeutendes Baudenkmal des orthodoxen Judentums. Ein besonderer Blickfang: das große blaue Rosettenfenster.

+++ 12 ELDRIGDE STREET +++ U EAST BROADWAY +++ SO-DO 10-17 UHR, FR BIS 15 UHR +++ $ 14, ERM. $ 10, KINDER $ 8 +++ MO PAY-WHAT-YOU-WISH +++ EINE FÜHRUNG IST UNBEDINGT EMPFEHLENSWERT +++ ELDRIDGESTREET.ORG +++

NEW MUSEUM OF CONTEMPORARY ART (LES)

Dieses Museum hat Ecken und Kanten, nicht nur von außen, wo der Neubau mit der schillernden Aluminiumfassade wie aufgestapelte Kisten wirkt. Auch die sechs Ausstellungen für zeitgenössische Kunst pro Jahr ecken mitunter an.

+++ 235 BOWERY +++ U 2 AV +++ DI/MI UND FR-SO 11-18 UHR, DO 11-21 UHR +++ DER SKYROOM MIT AUSBLICK AUF DAS VIERTEL IST NUR SA UND SO GEÖFFNET +++ $ 18, ERM. $ 15 +++ NEWMUSEUM.ORG +++

PEKING DUCK HOUSE (CHINATOWN)

Spezialität ist hier die Pekingente ($ 56), ein kaiserliches Gericht der Ming-Dynastie. Sie wird am Tisch tranchiert. Die Entenbruststreifen sind besonders saftig, die Haut köstlich kross. Sie werden in eine Art Wrap mit Gemüsen und einer süß-würzigen Hoisin-Sauce gerollt. Im 1. Stock sitzt man gemütlicher als unten.

+++ 28 MOTT STREET +++ U CANAL ST +++ SO-DO 11.30-22.30 UHR, FR/SA 11.45-23 UHR +++ BYOB (BRING YOUR OWN BOTTLE/ALKOHOL) +++ PEKINGDUCKHOUSENYC.COM +++

KATZ'S DELICATESSEN (LES)

Seit Sallys Fake-Orgasmus ist das Katz's weltberühmt. Pastrami auf Roggenbrot und Egg Cream (= amerikanischer Kakao) sind die Renner dieser jüdischen Deli-Institution.

+++ 205 EAST HOUSTON STREET +++ U 2 AV +++ MO-MI 8-22.45 UHR, DO BIS 2.45 UHR, SA 24 STUNDEN, SO BIS 22.45 UHR +++ KATZSDELICATESSEN.COM +++

CAFÉ HABANA (LITTLE ITALY)

Dieses kubanische Restaurant ist bunt, ungezwungen und entsprechend beliebt. Cuban Sandwiches, gegrillte Maiskolben und feurige Margaritas sind die Markenzeichen. Das »Habana To Go« nebenan versorgt diejenigen, die es eilig haben.

+++ 17 PRINCE STREET +++ U 2 AV +++ TÄGLICH 9-24 UHR +++ CAFEHABANA.COM +++

PAUSE CAFE (LES)

Die Acai-Bowls haben den Ruf, die besten der Stadt zu sein. Das marokkanische Café ist gemütlich, gut und günstig.

+++ 3 CLINTON STREET +++ U DELANCEY ST +++ MO-FR 7-20 UHR, SA 8-20 UHR, SO 8-19 UHR +++ PAUSECAFENYC.COM +++

THE BACK ROOM (LES) □→

Versteckter Eingang (durch einen Spielzeugladen), Gin aus der Teetasse – dieses Speakeasy gibt es seit der Prohibition.

+++ 102 NORFOLK STREET +++ U DELANCEY ST +++ SO-DO 19.30-3 UHR, FR UND SA BIS 4 UHR. ERST AB 25 JAHREN +++ BACKROOMNYC.COM +++

MERCURY LOUNGE (LES)

Live-Gigs von Indie-Bands im intimen Rahmen vor maximal 250 Zuschauern. Spitzensound.

+++ 217 EAST HOUSTON STREET +++ U 2 AV +++ ÖFFNET 30 MIN. VOR SHOWBEGINN +++ TICKETS VIA MERCURYEASTPRESENTS.COM/MERCURYLOUNGE ODER BOX OFFICE DO-SA 12-18 UHR +++

YUNHONG CHOPSTICKS (CHINATOWN)

Hier gibt es Hunderte von Essstäbchen aus China und Japan: von günstig aus Aluminium ab $ 2.99 bis edel aus Kristallglas für $ 185.

+++ 50 MOTT STREET +++ U CANAL ST +++ TÄGL. 11-20.30 UHR +++

SCHOTT (LITTLE ITALY)

Seit 1913 geben die Lederjacken von Schott ihren Trägern den Hauch von cool. Die Motorradjacke »Perfecto« wurde von Marlon Brando in *The Wild One*, aber auch von James Dean getragen.

+++ 236 ELIZABETH STREET +++ U 2 AV +++ MO-SA 11-19 UHR, SO 12-18 UHR +++ SCHOTTNYC.COM +++

+ + + + + + + + + **SCHLAFEN** + + + + + + + + + + + + +

THE ALLEN HOTEL (LES)

Der exotisch-chinesische Einschlag ist schon in der Lobby zu spüren. In den 41 Zimmern auf 7 Stockwerken dominieren warmes Kirschholz und Marmor. Die vielen Balkone, das kleine Fitnessstudio und eine Dachterrasse steigern den Wohnkomfort. Meiden Sie die Loft-Etage ohne Fenster!

+++ 88 ALLEN STREET +++ U DELANCEY ST +++ DZ AB $ 150 ÜBER BUCHUNGSPLATTFORMEN +++ THEALLENHOTEL.COM +++

OFF SOHO SUITES (LES)

Die Pension hat College-Charme und vermietet Apartments im Loft-Stil mit bloßen Backsteinwänden. Es gibt Suiten mit 1 oder 2 Schlafzimmern für 2–4 Gäste (ab $ 179 bzw. $ 299). Die kleineren teilen sich ein Gemeinschaftsbad. Das Preis-Leistungs-Verhältnis ist gut für kleine Gruppen, Geld spart auch die Gemeinschaftsküche.

+++ 11 RIVINGTON STREET +++ U BOWERY +++ OFFSOHO.COM +++

3
THE VILLAGES:
EAST VILLAGE,
WEST VILLAGE,
CHELSEA

+++ ERLEBEN +++

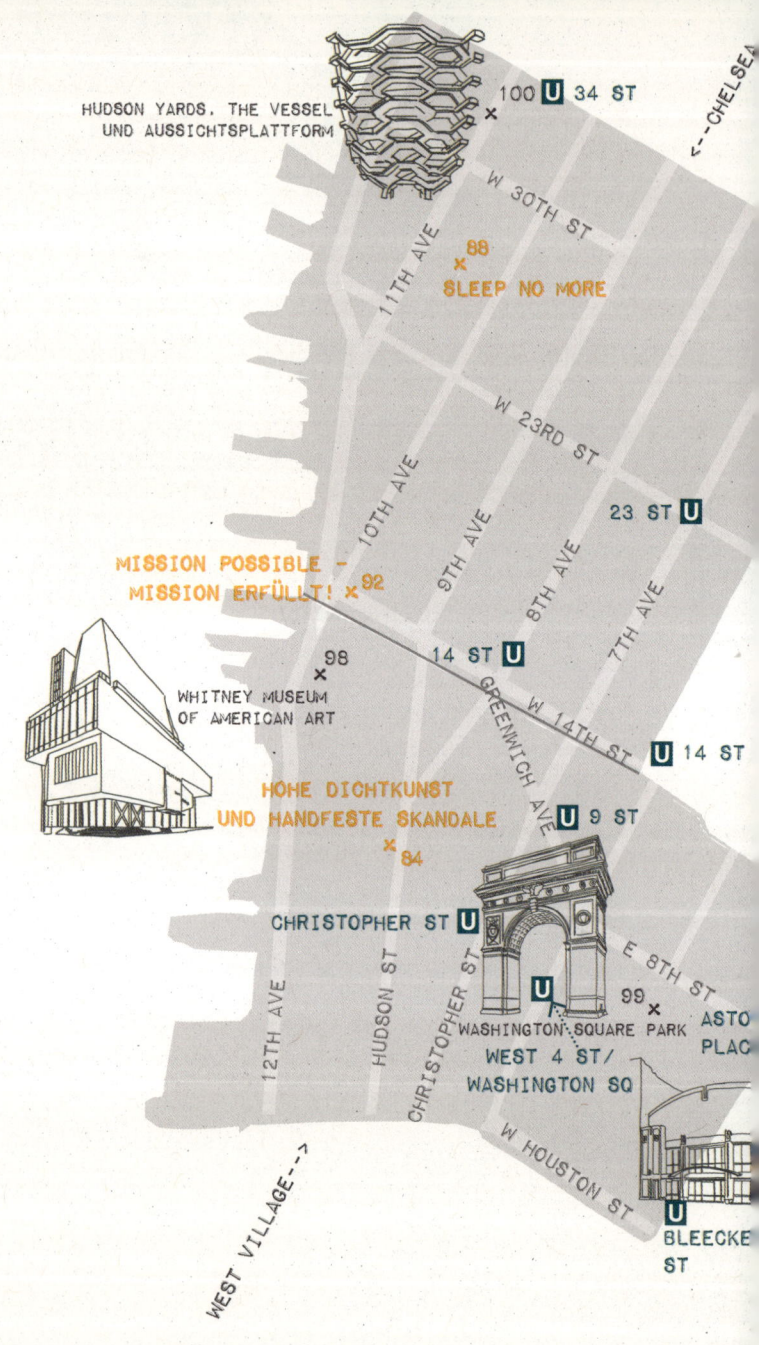

HUDSON YARDS. THE VESSEL
UND AUSSICHTSPLATTFORM

CHELSEA ---→

100 **U** 34 ST

W 30TH ST

11TH AVE

88
×
SLEEP NO MORE

W 23RD ST

10TH AVE

9TH AVE

8TH AVE

23 ST **U**

7TH AVE

MISSION POSSIBLE –
MISSION ERFÜLLT! ×92

98
×

14 ST **U**

W 14TH ST

GREENWICH AVE

U 14 ST

WHITNEY MUSEUM
OF AMERICAN ART

HOHE DICHTKUNST
UND HANDFESTE SKANDALE
×
84

U 9 ST

CHRISTOPHER ST **U**

CHRISTOPHER ST

E 8TH ST

U

99
×

ASTO
PLAC

WASHINGTON SQUARE PARK

WEST 4 ST/
WASHINGTON SQ

12TH AVE

HUDSON ST

W HOUSTON ST

U

BLEECKE
ST

WEST VILLAGE --→

DAS WEST VILLAGE (auch Greenwich Village genannt) und das East Village zehren von ihrem Ruf aus den 1960er- bis 1980er-Jahren. Im West Village brachten intellektuelle Literaten revolutionäre Texte aufs Papier, und die Folkmusiker wurden als die Beat Generation gefeiert. Im East Village regierte der Punk, und ziviler Ungehorsam war die erste Bürgerpflicht. Im Arbeiterviertel Chelsea sind aus den einstigen Schlachthöfen die Boutiquen und Bars der jungen Schickeria geworden.

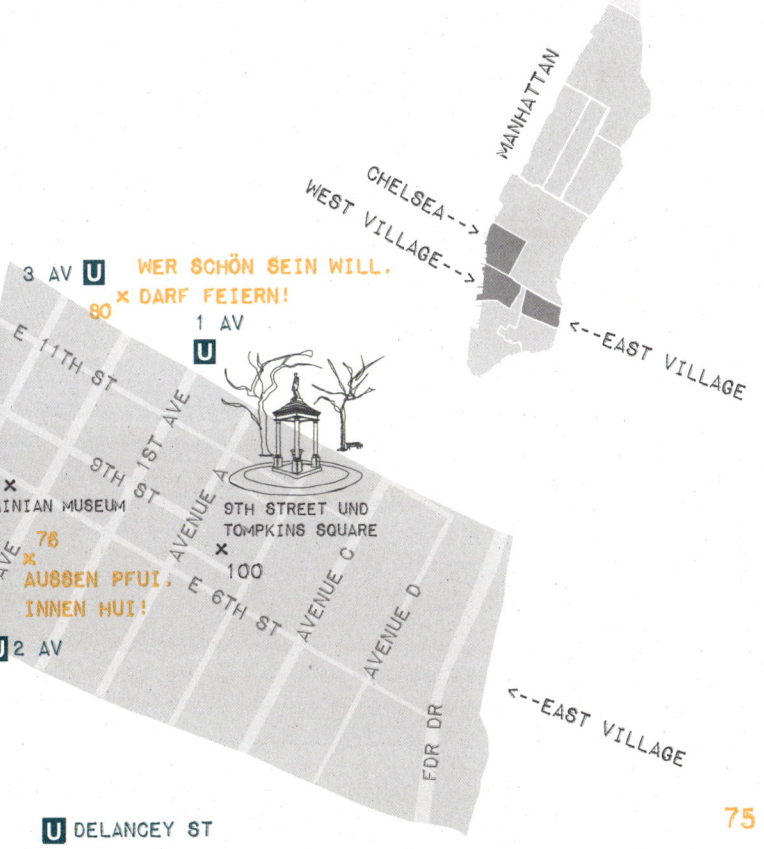

MANHATTAN

CHELSEA-->

WEST VILLAGE-->

<--EAST VILLAGE

3 AV U WER SCHÖN SEIN WILL,
× DARF FEIERN!
80

1 AV

U

E 11TH ST

9TH ST

1ST AVE

×
AINIAN MUSEUM

AVENUE A

9TH STREET UND
TOMPKINS SQUARE

AVE

76
×
AUSSEN PFUI,
INNEN HUI!

× 100

E 6TH ST

AVENUE C

AVENUE D

U 2 AV

FDR DR

<--EAST VILLAGE

U DELANCEY ST

75

AUSSEN PFUI, INNEN HUI!

ZUM INSEKTEN-ESSEN IM BLACK ANT

EAST VILLAGE--> U 2 AV

+ + + S T E C K B R I E F + + +
WO? 60 SECOND AVENUE +++ U 2 AV MIT LI-
NIE F +++ WANN? MO-MI 16-23 UHR. DO-SA BIS
24 UHR. BRUNCH SA/SO 11-16 UHR +++ WIE VIEL?
GERICHTE ZWISCHEN $ 14 UND 29 +++ THEBLA
CKANTNYC.COM +++

BLOSS NICHT HINGUCKEN, ermahne ich mich, den Kopf leer machen und unvoreingenommen bleiben! Schon knackt es zwischen meinen Zähnen. Ein würziger Geschmack breitet sich auf der Zunge aus. Die Heuschrecke schmeckt irgendwie shrimpsartig, nur schärfer. Ich bin erleichtert, das ist wirklich lecker! Ich nehme ein weiteres Tier aus der Schale und unter die Lupe. An dem kleinen Körper sind die Flügel eng angelegt, die Beine wurden entfernt. Ans Krabbeln, Kriechen und Flattern soll nicht viel erinnern. Das Kochen mit Insekten wird derzeit weltweit mit Eifer propagiert – und aus Ekel oft verweigert. Von Menschen aus Ländern jedenfalls, wo sie nicht traditionell verzehrt werden. Mario Hernandez, der Besitzer und Chefkoch des Black Ant Restaurants im East Village, stammt aus Mexiko. Dort gelten Insekten in vielen Provinzen als Delikatesse, erzählt er mir.

VOR ALLEM AMEISEN seien beliebt. Das liege an der Legende von Quetzalcoatl, der höchsten Gottheit der mittelamerikanischen Volksstämme. In eine schwarze Ameise verwandelt, stahl er seinen roten Krabbelbrüdern den Mais und schenkte ihn seiner Schöpfung, dem Menschen. Mal abgesehen vom erdigen Aroma sind Termiten und Ameisen, die in Mittelamerika »mexikanischer Kaviar« genannt werden, extrem energiereich. Je nach Art haben 100 Gramm zwischen 100 und 500 Kilokalorien! Im Black Ant gibt es mehrere Gerichte, in denen sie vorkommen. Meine Favoriten werden das Blackberry Sorbet mit Hibiskus-Creme auf Ameise sowie der Tequila-Cocktail mit knusprigem Ameisenrand. Fast alle Rezepte mit Insekten als Zutat stammen aus der Zeit vor Christoph Kolumbus. Hernandez hat sie von seiner Oma, die ihm die »real cuisine« des Landes nahebrachte. In der spielen auch Heuschrecken eine wichtige Rolle. Sie werden in Kroketten verarbeitet oder geben der Guacamole Biss. Das Lieblingsgericht des Hausherrn ist Knochenmark mit Seeigel, das eine recht schwabbelige Konsistenz hat. So eine knackige Heuschrecke setzt da willkommene Akzente!

DER GESCHMACK DER INSEKTEN

hängt auch von ihrer Zubereitung ab. Die hier verwendeten stammen, wie gesagt, aus Mexiko, wo sie gezielt gezüchtet und das ganze Jahr über »geerntet« werden. Getrocknet, gewürzt und getoastet gelangen sie in eingefrorenem Zustand nach New York, wo allein im Black Ant 75 Kilogramm im Monat verspeist werden. Die Welternährungsorganisation der UN schätzt, dass bis zu zwei Milliarden Menschen in etwa 130 Ländern täglich Insekten konsumieren. Aus ernährungsphysiologischer Sicht sind viele der rund 2.000 essbaren Arten unseren traditionellen Nutztieren ebenbürtig oder sogar überlegen. Sie bestehen schlicht aus Eiweiß, Fett und Kohlenhydraten und enthalten viele Vitamine und Mineralstoffe: normale Nährstoffe also, die wir auch in unserem gewohnten Essen finden, nur nachhaltiger produziert. Trotz aller Vorteile ist der Verzehr von Insekten für die meisten Europäer eine gruselige Vorstellung. Machen Sie sich davon frei, liebe New-York-Reisende, denn zumindest im Black Ant sind sie köstlich. Man muss beim ersten Mal ja nicht so genau hingucken!

WENN MAN SCHON MAL **HIER** IST:

Einen Block weiter führt die Straße The Bowery zum **Astor Place**, wo man seine Kräfte am schwarzen Würfel **Alamo** ☐→ messen kann, der beweglichen Freiluftskulptur von Bernhard Rosenthal. Weniger bekannt ist die Kunst des »Mosaic Man« (aka Jim Powell), der mehr als **80 Straßenlaternen** des Viertels mit bunten Steinchen überzogen hat. Einen zünftigen Absacker sollten Sie im **McSorley's Old Ale House** nehmen, einer der ältesten Kneipen New Yorks (15 E 7th Street).

WER SCHÖN SEIN WILL, DARF FEIERN!

ZUM AUFHÜBSCHEN IN DIE BEAUTY BAR

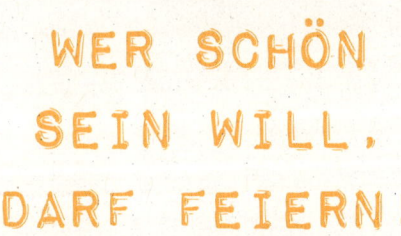

3 AV

EAST VILLAGE-->

+ + + S T E C K B R I E F + + +

WO? BEAUTY BAR +++ 231 E 14TH STREET +++
U 3 AV MIT LINIE L +++ WANN? MO-FR 18-23 UHR,
SA/SO AB 15 UHR +++ WIE VIEL? $ 10 FÜR EINEN
DRINK UND DIE MANIKÜRE +++ THEBEAUTYBAR.COM +++
WO? BLIND BARBER +++ 339 E 10TH STREET +++
U 1 AV MIT LINIE L +++ WANN? MO-SA 11-20
UHR, SO BIS 18 UHR +++ WIE VIEL? $ 25 FÜR
EINE RASUR ODER BARTKORREKTUR MIT DRINK +++

WORAN ERKENNT MAN die erfolgreiche New Yorkerin? An ihren strahlend weißen Zähnen und den gepflegten, manikürten Händen! Bloß kein Neid, denke ich mir. Meine Zähne sind so schnell natürlich nicht zu richten, aber das mit den Nägeln könnte schon klappen. »Ne, oder?«, nörgelt mein Mann, der das überflüssig findet. »Nagelstudios haben wir doch auch zu Hause.« Eigentlich will auch ich nicht unnötig Zeit an meine Eitelkeit verschwenden. Allerdings gibt es in New York dafür die perfekte Lösung: die Beauty Bar! Dieser Laden ist as retro as it gets! In dem ehemaligen Frisiersalon hängen überladene Kronleuchter mit viel Strass von der Decke, 50er-Jahre-Scherenschnitte an den Wänden und stählerne Trockenhauben über Kunstlederstühlen. Der Clou: Für 10 Dollar bekommt man eine Maniküre mit Martini im Paket!

DAGEGEN KANN mein Mann jetzt wirklich nichts einwenden. Nein, bescheide ich dem freundlichen Türsteher, wir wollen nicht zur kostenfreien Comedy im Hinterzimmer, ich möchte mir die Hände aufhübschen lassen. Eine gut gelaunte Barkeeperin verkauft mir ein Ticket und reicht mir den Martini und die Wartenummer über den Tresen. In der Bar herrscht deutlicher Damenüberhang. Kein Wunder bei dem Angebot. An zwei Tischen sitzen zwei punkige Ladys mit hochgetürmten Frisuren und zahlreichen Tätowierungen am Oberkörper im Schummerlicht und feilen ihren Kundinnen die Nägel. Über ihnen leuchtet eine Anzeigentafel mit der Ziffer 19, ich habe Nummer 23. Das bedeutet warten. Zum Glück steht eine DJane an den Turntables und legt Musik aus den 80er-Jahren auf. Etwa eine Dreiviertelstunde ist vergangen, als mich Rachel zu sich herüberwinkt. Welche Farbe ich denn wolle, möchte sie wissen, und weist mich darauf hin, dass es hier nur regulären Lack gebe, kein Gel und kein Acryl. Ich wähle ein Rot, das zu meinen Lippen passt. Wie es sich für einen Beautysalon gehört, kommen wir ins Plaudern.

WÄHREND SIE MEINE NÄGEL FEILT

und dann bepinselt, tippt Rachel immer wieder auf ihrem Handy herum. »Fürs Crowdfunding«, sagt sie bedauernd, »um die Schulden abzustottern.« Trotz mehrerer Jobs habe sie kein Geld, keine Krankenversicherung und nur wenig Urlaub im Jahr. Persönliche Einblicke, die mir zu denken geben. Ich stecke einen besonders großen Schein ins Glas für Trinkgeld und präsentiere meinem Liebsten die leuchtenden Nägel. »Und was ist mit mir?«, will er scherzend wissen. Auch für ihn gibt es den idealen Laden: Blind Barber. In dem winzigen Friseursalon am Tompkin Square wird dem Mann von Welt für 25 Dollar der Hipster-Bart, für 30 die Frisur getrimmt, während ein alkoholisches Freigetränk nach Wahl gereicht wird. »Reines Kalkül«, sagt Jeremy lächelnd zu meinem Mann und lüftet das Geheimnis. Die Stahltür zur Seite geschoben, und wir stehen in einem geräumigen Speakeasy, einer heimlichen Bar. Während der Prohibition habe jeder Gast vom verbotenen Doppelleben des Barber Shops gewusst, »Blind« war das Codewort, das sich bis heute im Namen hält.

WENN MAN SCHON MAL HIER IST:

Die 14th Street führt zum **Union Square** □→, einem zentralen Platz für Demonstrationen und einen tollen Bauernmarkt (Mo, Mi, Fr und Sa 8–18 Uhr, grownyc.org/unionsquaregreenmarket). Dort inszeniert eine digitale Uhr (»**Metronome**«) ein Spiel mit der Zeit. Von links gelesen verraten Ihnen die Ziffern die Uhrzeit bis auf die Zehntelsekunde genau. Lesen Sie die Ziffern von rechts, läuft die Zeit rückwärts und zeigt an, wie viel Zeit Ihnen an diesem Tag noch bleibt.

HOHE DICHTKUNST UND HANDFESTE SKANDALE

EINE LITERARISCHE SAUSE DURCH DAS GREENWICH VILLAGE

WEST VILLAGE-->   ✕   **U** 14 ST

+ + + S T E C K B R I E F + + +

WO? TREFFPUNKT IST DIE WHITE HORSE TAVERN. 567 HUDSON STREET +++ U 14 ST MIT LINIEN 1. 2 UND 3 +++ WANN? FR. SA UND SO UM 13.30 UHR +++ WIE LANGE? 2.5-3 STUNDEN +++ WIE VIEL? $ 30. ERM. $ 25 +++ LITERARYPUBCRAWL.COM +++ WICHTIG! DIE FÜHRUNGEN GIBT ES NUR AUF ENGLISCH. UND MAN SOLLTE DIE SPRACHE GANZ GUT BEHERRSCHEN. UM SPASS ZU HABEN! +++

NEW YORKER SIND wahre Leseratten. In der Subway kann man kostenfreie E-Books herunterladen, und Bürgermeister Bill de Blasio hat die Initiative »One Book One New York« ausgerufen. Die 8,5 Millionen Einwohner sollen einen riesigen Lesezirkel bilden und ein und dasselbe Buch lesen, um alle ein gemeinsames Thema zu haben – ob sie nun Taxifahrer, Manager oder Hotdog-Verkäufer sind. Nicht nur Lesen ist in der Stadt populär, mir kommt es auch so vor, als würde jeder zweite New Yorker Bücher oder Gedichte schreiben. So auch eine unserer beiden Guides, Marissa. Sie nimmt uns mit auf einen Literary Pub Crawl durch das Greenwich Village, das Viertel, in dem Poeten und Schriftsteller schon immer besonders produktiv und besonders trinkfreudig waren. Ideal für mich, wo ich doch die Qualität eines guten Buches genauso zu schätzen weiß wie die Qualität eines guten Drinks.

FASZINIERENDE LÜGNER seien die meisten Schriftsteller gewesen, beginnt Marissa ihre Ausführungen noch im White Horse, der zweitältesten Bar New Yorks, in der sich der walisische Schriftsteller Dylan Thomas mit 18 Whiskeys zu Tode soff. Zumindest indirekt. Er starb im Alter von nur 39 Jahren nach einem Sturz an seinen Kopfverletzungen. Die Tour verspricht spannend zu werden, auch wenn ich von vielen Literaten entweder noch nie oder nur am Rande gehört habe. Die meisten scheinen jedenfalls für handfeste Skandale gut gewesen zu sein. Anaïs Nin, die mit Henry Miller wie auch dessen Frau June eine langjährige Affäre hatte, dann heiratete und sich neben ihrem Ehegatten in New York heimlich einen zweiten Mann in Los Angeles hielt, ist eher einer der Stars unter den exzentrischen Protagonisten. Die Intellektuellen des West Village waren so anarchisch und betrunken, dass sie sich sogar offiziell von den USA lossagen wollten. Im Champagnerrausch stiegen sie im Januar 1917 auf den Washington Arch Triumphbogen und erklärten das »free and independent Greenwich Village«. Apropos Champagner, es wird Zeit, die nächste Bar aufzusuchen, wir wollen immerhin noch in zwei weitere.

AUF DEM WEG zum Kettle of Fish erfahren wir neue Anekdoten über das Viertel und seine berühmten Bewohner. Der Patchen Place, eine Gasse und im Volksmund »Therapeutenzeile« genannt, wurde auch für Dunja Barnes zum Rückzugsort, nachdem sie in ihrem ersten Roman eine Lesbe zur Hauptfigur gemacht hatte und angefeindet wurde. Und Mae West hat man hier weggeschlossen, als die Jefferson Market Library noch ein Frauengefängnis war. Sie war wegen Pornografie von der Broadwaybühne sie war direkt (neu) von der Broadwaybühne verhaftet worden. Nach einem entspannten Bier auf dem Ledersofa tut sie mir schon weniger leid. Die letzte Station des Nachmittags ist das Marie Crisis Café, eine Klavierbar, die man am besten am Montagabend besucht, wenn viele Broadwaytheater geschlossen haben, rät uns Marissa. Dann nämlich trifft man auf so manchen Bühnenstar, der mitunter eine Kostprobe seines Könnens gibt. Die Kostproben, die wir an diesem Nachmittag goutieren, sind alkoholischer Natur. Und Gedichte, die unsere Guides Marissa und Malka mit Verve zum Besten geben. Gedichte ihrer skandalösen Lieblingspoeten aus dem Village.

WENN MAN SCHON MAL **HIER IST**:

Nur zwei Blöcke entfernt vom **White Horse** liegt der **Hudson River Park** mit Wiesen, Sportanlagen und Café. Hier finden im Sommer oft Open-Air-Veranstaltungen statt (hudsonriverpark.org/events). Entlang der **Christopher Street**, wo sich die LGBT-Gemeinde im **Stone Wall Inn** trifft (53 Christopher Street, thestonewallinnnyc.com), sind es etwa 15 Minuten zum **Washington Square Park** (siehe S. 99) □→, in dem Musiker und Gaukler einem die Zeit versüßen.

SLEEP NO MORE

DAS MITMACH-THEATER
IM MCKITTRICK

CHELSEA-->

U 23 ST

+ + + S T E C K B R I E F + + +
WO? MCKITTRICK HOTEL. 530 W 27TH STREET
+++ U 23 ST MIT LINIEN C UND E +++ WANN?
WOCHENTAGS AB 19 UHR. FREITAGS AB 18 UHR.
SAMSTAGS AB 17 UHR. SONNTAGS AB 16 UHR
+++ WIE LANGE? 3 STUNDEN +++ WIE VIEL? AB
$ 99.50. JE NACH WOCHENTAG UND TAGESZEIT +++
MCKITTRICKHOTEL.COM +++ WICHTIG! BEQUEMES
SCHUHWERK ERLEICHTERT DIE SACHE UNGEMEIN! +++

ICH WAR NIE ZUVOR in einem Theaterstück, bei dem ich mich *nicht* auf einen bequemen Sitz fallen lassen konnte, um mit gebührendem Abstand das Geschehen auf der Bühne zu verfolgen. Bequem ist allerdings das letzte Attribut, das mir zu diesem Theaterabend in den Sinn käme. »*Sleep No More* war eigentlich ein Experiment, um mit allen Regeln des Theaterbetriebes zu brechen«, erklärt der Direktor und Regisseur des Stückes, Felix Barret, im Gespräch. Was im Jahr 2000 vor gerade mal vier Zuschauern als Theaterrevolution begann, lockt heute allabendlich 400 Besucher an. Simon, eine Zufallsbekanntschaft, steht bereits zum dritten Mal in der Schlange – nicht als Theatergänger wohlgemerkt, wir sind sozusagen Hotelgäste, die im McKittrick ein Zimmer beziehen wollen, obwohl wir sowieso nicht werden schlafen können.

UND DAMIT SIND WIR auch schon mittendrin: im Spiel! Ein Mitarbeiter drückt jedem eine venezianische Pestmaske in die Hand und verkündet die Hausregeln. Das Reden ist strengstens verboten, das Tragen der Masken für Besucher Pflicht. Wer sich erfolgreich an die Fersen der Menschen heftet, die keine Masken tragen, schafft es vielleicht sogar, einer Geschichte zu folgen. Also, dann los! So unheimlich wie die Regeln ist das Hotel: Eine bizarre Mischung aus Chansons und schrägen Klangeffekten wabert durch endlose dunkle Flure. Wie eine Zeitreisende irre ich durch antiquierte Büros und Schlafzimmer, wonach soll ich denn bloß suchen? Bestimmt bin ich falsch, weit weg vom Geschehen … Da hetzen Unmaskierte über eine sandige Friedhofskulisse – nichts wie hinterher. Doch Pustekuchen! Im Staub sind sie auch schon verschwunden. Ich stoße auf eine Badewanne. Darin sitzt eine Frau, die einem nackten Mann Blut von der Haut wäscht. Habe ich einen Selbstmord verpasst? Keine Zeit, darüber nachzudenken, denn lautes Stöhnen und Schreien treiben mich weiter. Ich treffe auf ein Paar im Liebestaumel! Oder handelt es sich um einen Kampf auf Leben und Tod?! Schon löst sich die Gesellschaft erneut in alle Himmelsrichtungen auf.

LANGSAM HABE ICH das Konzept begriffen: Es ist eigentlich egal, was genau man tut. Geschützt durch die Maske kann man völlig anonym und unbehelligt am Geschehen teilnehmen oder ungeniert seiner Schaulust frönen. Die Spiel-, Tanz- und Musikeinlagen werden je dreimal aufgeführt, so steigen die Chancen der Gäste, wenigstens einmal Zeuge jeder Szene zu sein. Auf diese Weise erlebt jeder seine ureigene Melange frei nach Shakespeares *Macbeth* oder Alfred Hitchcock. Das Theater im Kopf und in der »Wirklichkeit« bestimmen auch der Zufall, das eigene Temperament und die Ausdauer. Letztere ist für *Sleep No More* auch wirklich nötig. Denn das Hotel entpuppt sich als schummriges Labyrinth von sechs Etagen und fast 100 Räumen mit unendlich vielen Details. Man wird Teil einer künstlichen, surrealen Welt, von der nur die Bar ausgenommen ist. Sie dient als Zuflucht für die Gäste, denen das Geschehen an die Nieren oder der Treppenmarathon in die Waden geht. »Sleep No More«? Wir jedenfalls schlafen nach dem Spektakel in dieser Nacht wie die Murmeltiere.

WENN MAN SCHON MAL HIER IST:
Das McKittrick ist nur ein paar Meter vom **High Line Park** (thehighline.org) entfernt, wo man die Sterne bewundern (siehe S. 92–95) und weitere Events (thehighline.org/activities) erleben kann. Wer moderne Kunst liebt, wird die vielen Galerien zu schätzen wissen, zum Beispiel **Gagosian** (555 W 24th Street, gagosian. com). Eine der ältesten Foodhalls New Yorks ist der **Chelsea Market** □→ in einer alten Keksfabrik (Mo–Sa 7–2 Uhr, So 8–22 Uhr, chelseamarket.com).

MISSION POSSIBLE – MISSION ERFÜLLT!

ZUM STERNEGUCKEN AUF DER HIGH LINE

<--CHELSEA

U 14 ST

+ + + S T E C K B R I E F + + +
WO? HIGH LINE PARK. HÖHE 14. STRASSE +++
U 14 ST/8 AV MIT LINIEN A. C. E UND L +++
WANN? VON APRIL BIS OKTOBER DIENSTAGS VON
SONNENUNTERGANG BIS 23 UHR +++ WIE VIEL?
KOSTENLOS +++ AAA.ORG UND THEHIGHLINE.ORG/
EVENTS/STARGAZING +++

KOSTENLOS. FAMILIENFREUNDLICH

ES IST SPÄTER NACHMITTAG, und es hat gerade aufgehört zu regnen. Noch liegt ein dichtes Wolkenband über Manhattan, das sich hoffentlich bald verzieht. Denn ich möchte zum »Star Gazing«, zum Sternegucken. Wenn es nicht klappt, auch nicht so tragisch – der Spaziergang entlang der High Line allein ist diesen Ausflug wert. Die alte Hochbahntrasse zieht sich von der Gansevoort bis zur 34. Straße. Schon lange rumpeln keine Frachtzüge mehr über ihre stillgelegten Gleise. Das Areal wurde vielfältig bepflanzt und mit öffentlicher Kunst, spektakulären Neubauten, Ruhezonen und Gastronomie versehen. So entstand ein urbaner Park auf Stelzen. Der perfekte Platz, wenn man den Sonnenuntergang bewundern will – oder eben die Sterne. Die *Amateur Astronomers Association* von New York bietet dazu einmal die Woche die Möglichkeit.

BIS ZU 12 TELESKOPE bringen die Hobby-astronomen dann hier oben in Position. Heute hält Charley ganz allein die Stellung. Das Wetter ... außerdem wohnt er nicht weit von hier. Sein langer, zotteliger Bart ist längst ergraut, die Brille hat er mit Knete notdürftig repariert. »Nerd« nennen die Amerikaner einen wie ihn, der über seinem Spezialinteresse leicht die eigenen Bedürfnisse vergisst. Was man heute sieht? Charley seufzt. Theoretisch sind 2.000 Sterne mit bloßem Auge zu erkennen – wenn denn der Himmel endlich dunkel wäre. Durch die glitzernde Skyline Manhattans jedoch ist New York eine der Weltmetropolen mit der höchsten Lichtverschmutzung und entsprechend getrübter Sicht aufs Firmament. Viele Einheimische würden keinen Blick darauf »verschwenden«. Mission impossible? Nein, Charley scheitert selten, sind doch die 100 Sterne mit der größten Leuchtkraft und sogar einige Planeten trotzdem oft zu sehen. Zum Beispiel Jupiter, der größte Planet unseres Sonnensystems mit vier galileischen Monden, oder Mars. Auch nach dem »big dipper«, dem Großen Wagen, werden wir Ausschau halten, den Charley den Großen Bären nennt. Wegen der Indianer, wir würden schon sehen.

JE TIEFER DIE SONNE SINKT,

desto mehr Neugierige bleiben stehen. Charley beginnt, sein überwiegend ahnungsloses Publikum für den Nachthimmel zu begeistern. »Dieses Newton-Spiegelteleskop erlaubt uns den Blick in die Geschichte des Universums«, kommt er ins Schwärmen. »Es lässt uns zusehen, wie Galaxien geboren werden und wie sich die Erde wirklich dreht!« Charley schraubt das Fernrohr höher und ändert den Winkel. Dann entdeckt er im Sucher den Großen Wagen. Ich presse mein Auge fest auf das Okular. Drei Sterne soll ich finden, die den »handle«, die Deichsel, bilden. Der hellste, der Polarstern, liegt so dicht am Nordpol, dass sich der Himmel nur um ihn zu drehen scheint. Die Indianer sahen ihn auch, bloß meinten sie drum herum nicht die Umrisse eines Wagens, sondern die eines großen Bären zu erkennen. Ach so. Ich konzentriere mich noch einmal ganz auf die Gestirne. Mission possible – Mission erfüllt, kann ich wenig später verkünden. Ich sehe den Großen Bären! Bekanntlich sieht man nur, was man auch weiß. Danke, Charley.

WENN MAN SCHON MAL HIER IST:

An beiden Enden der High Line liegen touristische Höhepunkte: An der Gansevoort Street im trendigen **Meatpacking District** stellt das **Whitney Museum of American Art** (siehe S. 98) □→ moderne und zeitgenössische Kunst aus. Die **ehemaligen Schlachthöfe** beherbergen heute Luxusboutiquen und Restaurants. In den **Hudson Yards**, einem neuen Gebäudekomplex an der 34. Straße, bringen Sie die begehbare Skulptur **The Vessel** (siehe S. 100) und die schwindelerregend hohe **Aussichtsplattform Edge** (siehe S. 100) dem Himmel näher.

WENN MAN SCHON MAL IN DEN VILLAGES IST

+++ SEHEN +++
+++ ESSEN +++
+++ AUSGEHEN +++
+++ SHOPPEN +++
+++ SCHLAFEN +++

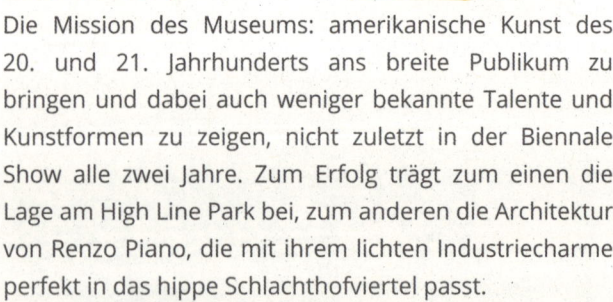

WHITNEY MUSEUM OF AMERICAN ART (CHELSEA)

Die Mission des Museums: amerikanische Kunst des 20. und 21. Jahrhunderts ans breite Publikum zu bringen und dabei auch weniger bekannte Talente und Kunstformen zu zeigen, nicht zuletzt in der Biennale Show alle zwei Jahre. Zum Erfolg trägt zum einen die Lage am High Line Park bei, zum anderen die Architektur von Renzo Piano, die mit ihrem lichten Industriecharme perfekt in das hippe Schlachthofviertel passt.

+++ 99 GANSEVOORT STREET +++ U 14 ST/8 AV +++ SO/MO UND MI/DO 10.30–18 UHR. FR/SA BIS 22 UHR. IM JULI UND AUGUST AUCH DI 10.30–18 UHR +++ $ 25. ERM. $ 18 +++ PAY-WHAT-YOU-WISH FR 19–22 UHR +++ WHITNEY.ORG +++

WASHINGTON SQUARE PARK (WEST VILLAGE)

Zum Höhepunkt des Folkbooms spielten Bob Dylan, Joan Baez und Charlie Parker hier. Henry James benannte einen ganzen Roman nach dem Platz, und Will Smith nutzte ihn als Drehort für *I am Legend*. Heute hängen die Studenten der New York University auf dem ehemaligen Marschland und Exerzierplatz ab, und Straßenmusiker, Künstler und Gaukler zeigen am Brunnen vor dem marmornen Siegestor ihr Können.

+++ 5TH AVENUE/WAVERLY PLACE/W. 4 STREET UND MACDOUGAL STREET +++ U WEST 4 ST +++ NYCGOVPARKS. ORG/PARKS/WASHINGTON-SQUARE-PARK +++

UKRAINIAN MUSEUM (EAST VILLAGE)

Dieses kleine und weniger bekannte Museum liegt im Herzen der ukrainischen Exilgemeinde New Yorks und übernimmt die Funktion eines Kulturzentrums. Auf drei Stockwerke verteilen sich folkloristische Exponate wie die berühmten Ostereier (Pysanky) oder wertvolle Textilien, Bilder, Aquarelle und Skulpturen ukrainischer Künstler sowie historische Dokumente des Archivs, die bis ins 17. Jahrhundert zurückreichen.

+++ 222 EAST 6TH STREET +++ U ASTOR PLACE +++ MI-SO 11.30-17 UHR +++ $ 8. ERM. $ 6 +++ UKRAINIANMUSEUM.ORG +++

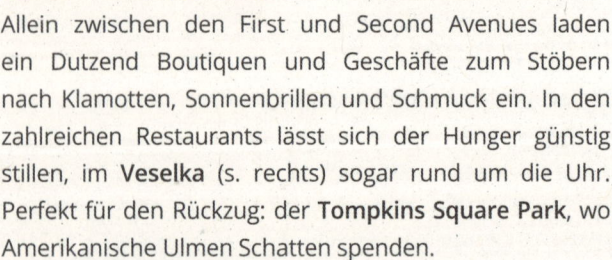

HUDSON YARDS, THE VESSEL UND AUSSICHTSPLATTFORM EDGE (CHELSEA)

Eine Aussichtsplattform, höher als das One World Trade Center, und eine monströse Skulptur, die aussieht wie eine Bienenwabe: Sie bilden das touristische Herz des Stadtviertels **Hudson Yards**. Zum **Aussichtsdeck Edge** geht's ab 2020 in den 100. Stock (335 m) des Wolkenkratzers 30 Hudson Yards hinauf, wo eine offene gläserne Plattform 20 Meter außerhalb des Turms schwebt. Die Bienenwaben-Skulptur **The Vessel** ist ein Labyrinth aus Treppenaufgängen (1,6 km bzw. 2.500 Stufen) und 80 Aussichtsplattformen, das 16 Stockwerke in die Höhe ragt.

+++ U HUDSON YARDS +++ THE VESSEL TÄGL. 10–21 UHR. EINTRITT FREI. RESERVIERUNG FÜR ZEITTICKETS: HUDSONYARDSNEWYORK.COM/DISCOVER/VESSEL +++

9TH STREET UND TOMPKINS SQUARE (EAST VILLAGE)

Allein zwischen den First und Second Avenues laden ein Dutzend Boutiquen und Geschäfte zum Stöbern nach Klamotten, Sonnenbrillen und Schmuck ein. In den zahlreichen Restaurants lässt sich der Hunger günstig stillen, im **Veselka** (s. rechts) sogar rund um die Uhr. Perfekt für den Rückzug: der **Tompkins Square Park**, wo Amerikanische Ulmen Schatten spenden.

+++ U ASTOR PLACE +++

MOMOFUKU KO (EAST VILLAGE)

Viermal wird die Hähnchenkeule mit Vodka und Tabasco bestrichen und frittiert. Im 2018 neu eröffneten Barraum wird David Changs japanische 2-Sterne-Küche wieder erschwinglich (fast alle Gerichte unter $ 30). Das Hauptrestaurant bietet ein Tasting Menue mit 12–15 Gängen ($ 255), dort ist eine Reservierung erforderlich.

+++ 8 EXTRA PLACE +++ U 2 AV +++ BAR DI-SA 15-23.30 UHR. RESTAURANT LUNCH FR-SO UM 12.30, 12.45 UND 13 UHR. DINNER DI-SA 17.45-21.30 UHR +++ KO.MOMOFUKU.COM +++

VESELKA (EAST VILLAGE)

Der »Regenbogen«, wo es seit 1954 deftige ukrainische Küche gibt, hat rund um die Uhr geöffnet. Bekannteste Spezialität sind die Pierogi (gekochte Teigtaschen).

+++ 114 2ND AVENUE/9TH STREET +++ U ASTOR PLACE +++ 24/7 +++ VESELKA.COM +++

MAMOUN'S FALAFEL (GREENWICH)

Manhattanites stehen für die frittierten Bällchen aus Bohnen und Kichererbsen in der Brottasche ($ 4) seit 1971 bei Mamoun's Schlange.

+++ 119 MACDOUGAL STREET +++ U W 4 ST +++ TÄGL. 11-5 UHR +++ MAMOUNS.COM +++

THINK COFFEE (WEST VILLAGE)

Dank Uninähe ist der große, aber gemütliche Laden voller Studenten. Die umfangreiche Speisekarte und die langen Öffnungszeiten machen Think Coffee zu einer Option für jede Tageszeit. Nebenbei fördern Sie mit jeder Bestellung soziale Projekte.

+++ 248 MERCER STREET +++ U BLEECKER ST +++ MO-FR 7-22 UHR. SA/SO AB 8 UHR +++ THINKCOFFEE.COM +++

3

55 BAR (GREENWICH)

Unaufgeregt und preisgünstig: Jeden Abend wird in der Kellerbar live Jazz oder Funk & Blues gespielt.

+++ 55 CHRISTOPHER STREET +++ U CHRISTOPHER ST +++ TÄGL. AB 15 UHR. 2 AUFTRITTE AM ABEND. SIEHE 55BAR.COM +++ ERSTER AUFTRITT FREI. SONST $ 10: 2 GETRÄNKE MINIMUM +++

THE WAYLAND (EAST VILLAGE)

Hip trifft auf das Mississippidelta: viel recyceltes Holz, aufwendige Cocktails und Live-Bands. Das Essen ist hochwertig.

+++ 700 E NINTH STREET +++ U 1 AVE +++ MO-FR 16-4 UHR. SA/SO AB 11 UHR +++ HAPPY HOUR MO-FR 16-19 UHR +++ LIVE-MUSIK SO-MI +++ THEWAYLANDNYC.COM +++

TRASH AND VAUDEVILLE (EAST VILLAGE)

Der Punkausstatter im Viertel setzt seit 1975 modische Ausrufezeichen.

+++ 79 EAST 7TH STREET +++ U 1 AV +++ MO-DO 11-20 UHR. FR 11.30-20.30 UHR. SA BIS 21 UHR. SO 13-19.30 UHR +++ TRASHANDVAUDEVILLE.COM +++

THE EVOLUTION STORE (WEST VILLAGE)

Der Laden wirkt fast wie ein naturhistorisches Museum, nur sind die konservierten Reptilien und Totenschädel zu kaufen. Nicht jedermanns Ding, aber kurios.

+++ 687 BROADWAY +++ U ASTOR PLACE +++ TÄGL. 12-20 UHR +++ THEEVOLUTIONSTORE.COM +++

3

+ + + + + + + + + + + + SCHLAFEN + + + + + + + + + +

THE MARITIME (CHELSEA)

Als ehemaliger Firmensitz der National Maritime Union bleibt das Hotel mit den Bullaugen dem nautischen Stil treu. 120 recht kleine Zimmer mit Teakmöbeln und luxuriösem Marmorbad haben das Flair einer Kapitänskabine. Mehrere coole Bars mit Außenbereichen. Die Nutzung von Fahrrädern ist kostenfrei.

+++ 363 W 16TH STREET +++ U 14 ST +++ DZ AB $ 285. IN DER HAUPTSAISON AB $ 400 +++ THEMARITIMEHOTEL.COM +++

THE JANE (GREENWICH VILLAGE)

Maritim gibt sich auch dieses Hotel für das kleinere Budget. Die Zimmer heißen Cabins, sind winzig und haben Gemeinschaftsbäder, nur ein Captain hat mehr Platz (eigenes Bad und Riverview-Terrasse). Im opulenten Ballroom wird abends gefeiert, im Sommer öffnet die Rooftop Bar.

+++ 113 JANE STREET +++ U 14 ST/8 AV +++ STANDARD CABIN AB $ 99. CAPTAIN'S CABIN AB $ 225 +++ THEJANENYC.COM +++

CHRISTIE'S

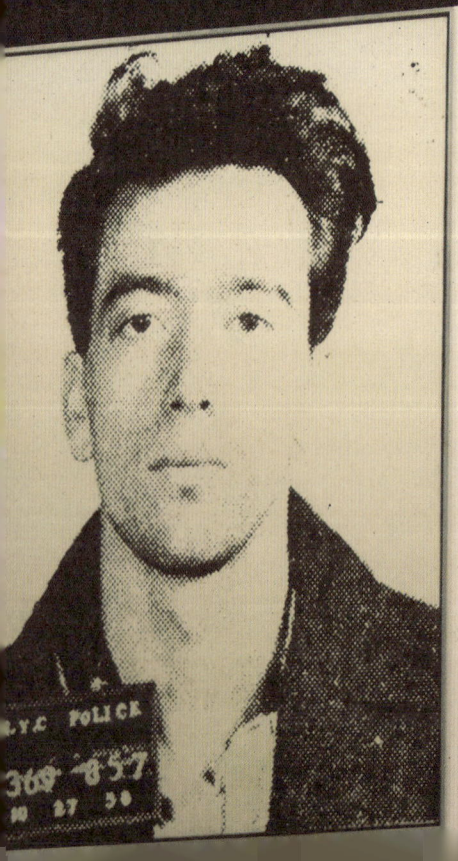

LOT 15B

USD	25,000,000

4

EUR	21,157,500
GBP	18,477,500
CHF	24,962,500
JPY	2,759,055,000
HKD	195,342,500
RUB	1,527,495,000
CNY	157,502,500

Conversions Approximate

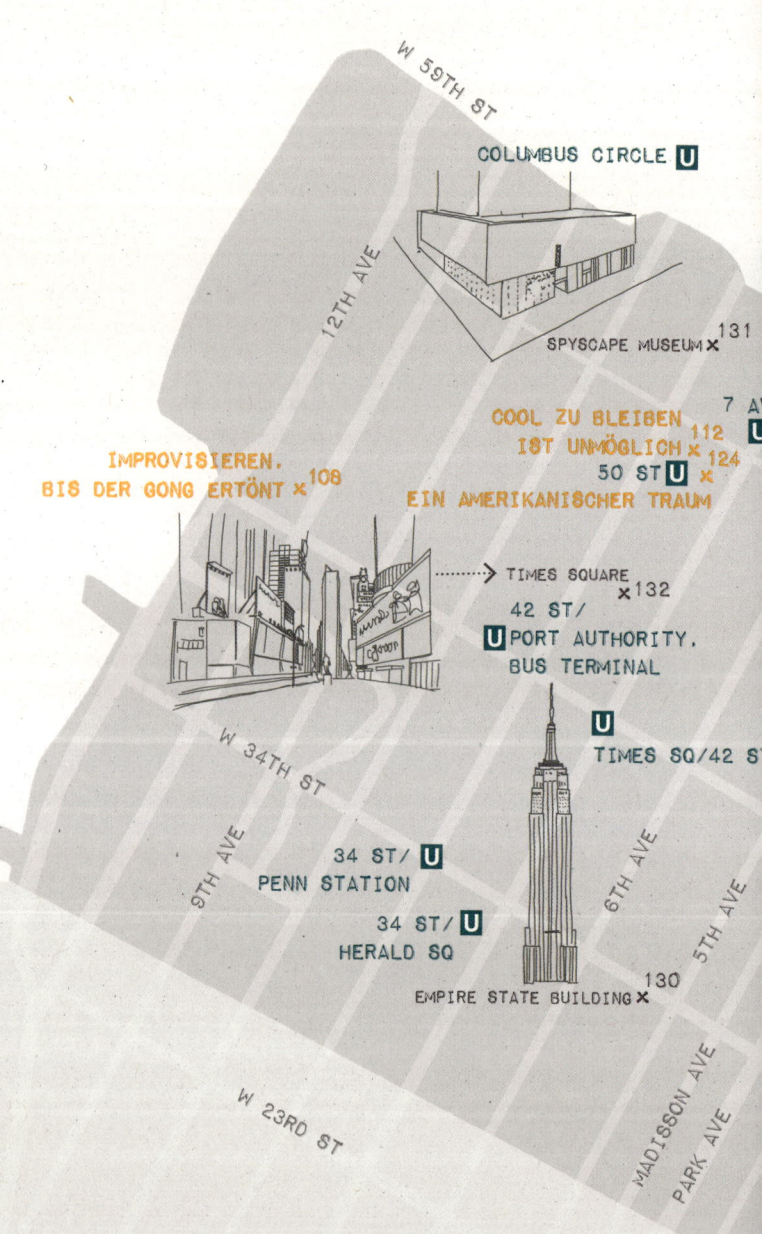

COLUMBUS CIRCLE U

SPYSCAPE MUSEUM × 131

COOL ZU BLEIBEN
IST UNMÖGLICH × 112
50 ST U × 124
EIN AMERIKANISCHER TRAUM

7 AV U

IMPROVISIEREN,
BIS DER GONG ERTÖNT × 108

TIMES SQUARE
× 132
42 ST /
U PORT AUTHORITY,
BUS TERMINAL

TIMES SQ/42 S

W 34TH ST

12TH AVE

9TH AVE

34 ST / U
PENN STATION

34 ST / U
HERALD SQ

EMPIRE STATE BUILDING × 130

6TH AVE

5TH AVE

W 23RD ST

MADISSON AVE

PARK AVE

W 59TH ST

GLITZERNDE WOLKENKRATZER, Hausfassaden mit knallbunter Neonwerbung und Straßenschluchten mit klingenden Namen wie Broadway oder Fifth Avenue gehören zu Midtown ebenso wie gelbe Taxis und eilige Menschenmassen, die Luxusshopping betreiben oder zu den wichtigsten Sehenswürdigkeiten der Weltmetropole unterwegs sind. Midtown liegt im Herzen Manhattans, hier schlägt der Puls der Stadt. Es ist das New York aus dem Kino. Reisende mit wenig Zeit verbringen sie deshalb mit Vorliebe hier.

57 ST
U

132
MUSEUM OF MODERN ART

4 ST

U 47/50 ST/ROCKEFELLER CTR

GOING, GOING, GONE – BIS DER HAMMER FÄLLT

GRAND CENTRAL TERMINAL

U 131
GRAND
CENTRAL/ E 42ND ST
42 ST

116

ZU GAST BEIM REST DER WELT

MANHATTAN

MIDTOWN-->

ND AVE

IMPROVISIEREN, BIS DER GONG ERTÖNT

ZUM INDIE CAGE MATCH DER UPRIGHT CITIZEN BRIGADE

MIDTOWN-->

42 ST/
U PORT AUTHORITY,
BUS TERMINAL

+ + + S T E C K B R I E F + + +
WO? 555W 42ND STREET +++ U 42ND ST/PORT
AUTHORITY BUS TERMINAL MIT LINIEN A, C UND
E +++ WANN? FREITAG 23.59 UHR +++ WIE LAN-
GE? 1 STUNDE +++ WIE VIEL? $ 9 PLUS $ 1,50
GEBÜHR +++ HELLSKITCHEN.UCBTHEATRE.COM/PER
FORMANCE/67563 +++ WICHTIG! WER SEHR GUT
ENGLISCH VERSTEHT, HAT DEUTLICH MEHR VON DEM
ABEND! +++

WAS ZUM TEUFEL ist ein Cage Match? Klingt irgendwie ungemütlich, aber spannend. Über die *Upright Citizen Brigade* weiß ich nicht viel, nur dass sie intimes Improvisationstheater und Comedy machen. Ich werde mich wohl weiter nach hinten setzen, um nicht spontan ins Rampenlicht gezerrt zu werden. Beim Namen »Brigade« und nur 160 Plätzen kann man nie wissen! Die junge Dame an der Kasse erklärt mir das Prinzip: Drei Laientruppen ziehen in diese Bühnenschlacht, die Zuschauer werden zu ihren Juroren. Nicht körperliche Überlegenheit oder Geschick im Kampfsport führen zum Sieg, sondern Witz und (verbale) Schlagfertigkeit. Auftreten darf nur, wer Improvisation an der hauseigenen oder einer anderen Theaterschule studiert hat. Das garantiert ein hohes Niveau. Tosenden Applaus ernten am Ende alle, doch nur das Gewinnerteam schafft es in die nächste Runde und darf wiederkommen.

CHRISSIE UND LOU treten ins Rampenlicht. Mit ihrem »warm up« ernten die beiden Moderatoren erste Lacher, der Battle kann beginnen. Zuerst steigen *OTA* in den imaginären Ring. Das Publikum darf ein Stichwort liefern, sie müssen improvisieren. »Baskin-Robbins«, ruft ein junger Mann. Ich habe keine Ahnung, was das ist, aber die Darsteller schlecken an imaginärem Eis. Später erfahre ich, dass es sich um die größte Eiscafé-Kette der Welt handelt. Immer schneller und erratischer schlägt die Handlung thematische Haken, springt vom Eis zum Stehlen und vom Lästern zum Streit. Irgendwann herrscht pures Chaos. Nach genau 15 Minuten ertönt der Gong, und *Ruth* sind an der Reihe. Die 5 Frauen spinnen eine Handlung zum Thema Gefängnis. Eine Mörderin tritt auf den Plan, die ihre Rechtsanwältin überfordert. Auf ihren Schoß zwängen sich die anderen. Liebestolle Insassinnen im Knast? Man weiß es nicht genau, versucht mit dem Geschehen Schritt zu halten – und Gong. Die Viertelstunde ist zu schnell vorbei! Vier Afroamerikaner namens *Good at Sports* steuern nun ihr Thema an. Ein Geburtstag soll es werden, den sie mit rassistischem Aberwitz zielsicher nach Absurdistan steuern.

NACH DEM LETZTEN GONG bin ich wirklich hin- und hergerissen, wem ich meine Stimme geben soll. *Ruth* und *Good at Sports* liegen Kopf an Kopf in meiner Gunst. Alle waren spitze, die Mädels von *Ruth* haben mir aber doch am besten gefallen. Weil sie todkomisch waren ohne politische Agenda. Auch andere empfanden das wohl so, und deshalb haben sie gewonnen. Nach dem Fotoshooting auf der Bühne siedeln alle um in eine Bar zum Klönen und Feiern. Man kennt sich, hat sich gern und will voneinander lernen. »Nur so kann man besser werden«, sagt Chrissie, »und je besser man spielt, desto mehr Spaß macht es.« Auf mich sprang der Funke definitiv über, ich fühle mich bestens unterhalten. Das Einzige, womit man nach dieser intimen Stunde Cage Match zu kämpfen hat, ist die Ehrfurcht. Heiliger Genesius, waren die alle spontan, geistreich und mutig! Aber um genau das zu beweisen, sind die drei Teams schließlich in diese Schlacht gezogen. So viel Energie und Emotionen machen Lust – auf ein Bier und auf einen weiteren Abend improvisierter Comedy.

WENN MAN SCHON MAL **HIER IST**:

Mit den Exponaten im **Intrepid Sea, Air & Space Museum** ◻→(intrepidmuseum.org) wurden echte Schlachten zur See und in der Luft geschlagen und Expeditionen im All erlebt; sie befinden sich auf einem ausgedienten Flugzeugträger (Pier 86 Höhe 46. Straße). Dorthin kommt man über den **Hudson River Greenway**, vorbei an dem kleinen Park an Pier 84. Zur Stärkung steuert man am besten die 46th Street zwischen 8. und 9. Avenue an, die wegen der vielen Lokale **Restaurant Row** heißt (restaurantrowtsq.nyc/about).

COOL ZU BLEIBEN IST UNMÖGLICH

ZUM GOSPELGOTTESDIENST IN DIE TIMES SQUARE CHURCH

50 ST

MIDTOWN-->

+ + + S T E C K B R I E F + + +
WO? 237 WEST 51ST STREET +++ U 50 ST MIT
LINIE 1 +++ WANN? SONNTAG UM 10 UHR +++ WIE
LANGE? 2 STUNDEN +++ WIE VIEL? KOSTENLOS
+++ WICHTIG! WER EINEN SITZPLATZ BEKOMMT,
SOLLTE BIS ZUM ENDE BLEIBEN +++

KOSTENLOS, FAMILIENFREUNDLICH

STELLEN SIE SICH VOR, die Kirche wäre ein Theater und die Liturgie ein Musical, in dem Gott stimmgewaltig besungen wird. Klingt nach einem Gospelgottesdienst in Harlem? Fast! Den Gemeinden Harlems sind die Busladungen voller Schaulustiger auf der Suche nach afroamerikanischer Lebensart inzwischen eher lästig. Wen wundert's? In der Times Square Church am Broadway soll das noch anders sein. Mit gedämpften Erwartungen betrete ich die von außen schmucklose Kirche – deren Innenraum meine Vorstellungen in jeder Beziehung übertrifft! Eine Riesenkuppel, Kronleuchter und goldene Barockelemente versetzen mich in eine feierliche Stimmung. Ich stehe in der Originallobby eines denkmalgeschützten Lichtspielhauses aus den 1930er-Jahren, wo mich ein Dutzend Gemeindemitglieder mit Handschlag willkommen heißen. Hammer, ich fühle mich sofort pudelwohl.

WIE SEINERZEIT IM KINO wird man von einer Platzanweiserin zu einem der wenigen noch freien Sitze geführt. Wer nicht bis zum Ende des Gottesdienstes bleiben will, bekommt einen Stehplatz auf den Rängen zugewiesen. Die fast 1.600 Klappstühle und Logen des Theaters sind so gut wie alle belegt. Um kurz nach 10 Uhr heißt es Vorhang auf und Bühne frei. Weit und breit ist kein Pastor zu sehen, stattdessen füllt ein fast 80-köpfiger (!) Chor mit Orchesterbegleitung singend die Bühne. Hymnen? Fehlanzeige. Blues- und Popsongs graben sich wie Ohrwürmer durch jeden religiösen Vorbehalt. Der Virtuose am Klavier bringt mit seiner konzertreifen Leadstimme erste Gläubige ganz aus dem Häuschen. Viele Menschen um mich herum haben ihre Augen bereits geschlossen und singen inbrünstig mit. Schon schnellt ein dunkelhäutiger Gentleman zwei Reihen vor mir aus seinem Sessel und reißt die Arme in die Höhe. Eine ältere Dame aus Lateinamerika stößt drei Plätze neben mir Hallelujas aus und gerät in Ekstase. Mehr als 100 Nationen sind hier versammelt, alle christlichen Konfessionen vertreten. Auch ich lese längst die Texte von der Leinwand ab und stimme ungehemmt mit ein.

NACH 50 MINUTEN tritt ein Pastor auf. Wie er da steht, in Anzug und Krawatte, könnte Carter Conlon auch Versicherungsvertreter sein. Wie er sich in Rage redet, eher Rebell oder Exorzist. Immer drängender appelliert er an die Gemeinde, dem Laster abzuschwören, wettert gegen den Präsidenten, die Politik und die Medien. Der Saal tobt. Kaum ist die Tirade vorbei, füllt sich das Haus wieder mit fröhlichem Gesang und rhythmischem Klatschen. Dann fallen sich glückliche Gläubige in die Arme, und wir werden mit Gottes Segen zurück auf den Broadway entlassen. Ich schwanke zwischen Unbehagen und Faszination, zwischen Widerstand und Begeisterung. Was zum Teufel war das? Ein Konzert? Eine Gehirnwäsche? Zumindest habe ich nun eine Ahnung, warum für Amerikaner die Religion so eine große Rolle spielt. Der Gottesdienst setzt Normen, schafft Gemeinsamkeit und weckt große Gefühle, denen man sich kaum entziehen kann. Gospel heißt ja so viel wie »gute Nachricht«. Meine gute Nachricht ist: Trotz verstörender Momente haben mir diese zwei Stunden richtig Spaß gemacht. Halleluja!

4

MIDTOWN

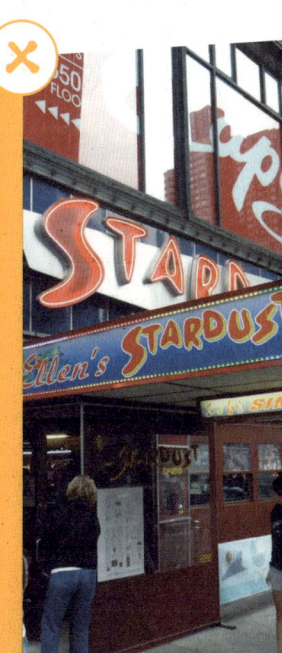

WENN MAN SCHON MAL HIER IST:
An der nächsten Straßenecke wartet bereits ein weiteres musikalisches Abenteuer, die singenden Kellner und Kellnerinnen des **Ellen's Stardust Diner** (siehe S. 124–127) ⌑➔. Auch das **Hard Rock Café** (1501 Broadway) und der **BB King Blues Club & Grill** (625 8th Avenue) untermalen den kulinarischen Genuss mit Beats und Klängen. Wer eher auf Spannung setzt, kann im **Escape Spionagemuseum** (siehe S. 131) herausfinden, ob er sich für den Geheimdienst eignet.

ZU GAST
BEIM REST
DER WELT

EIN BESUCH IM HAUPTQUARTIER
DER VEREINTEN NATIONEN

GRAND CENTRAL/
42 ST U

MIDTOWN-->

+ + + S T E C K B R I E F + + +
WO? UN PLAZA. TICKETABHOLUNG IM VISITOR
CENTER 46TH STREET/1ST AVENUE +++ U GRAND
CENTRAL STATION MIT LINIEN 4, 5, 6, 7, METRO-
NORTH +++ WANN? MO-FR VON 9.45 BIS 16.45 UHR
+++ WIE LANGE? 1 STUNDE +++ WIE VIEL? $ 22,
ERMÄSSIGT $ 15, KINDER 5-12 JAHRE $ 13 +++
WICHTIG! VORHERIGE ANMELDUNG UNUMGÄNGLICH,
STRENGE SICHERHEITSKONTROLLEN, UNBEDINGT DEN
PASS MITBRINGEN! +++ VISIT.UN.ORG/CONTENT/
TICKETS-1 +++

4

» DAS IST UNGERECHT UND GEMEIN «.
empört sich die kleine Emily schüchtern. Die anderen
sieben Kinder nicken. Es ist genau die Reaktion, die José
von den 5- bis 12-Jährigen hören will. Im Rollenspiel sollen
sie erleben, was allgemeine Menschenrechte für jeden
Einzelnen bedeuten. Wer kein Eis bekommt, nur weil er
ein Mädchen ist, oder nicht ins Kino mitdarf, weil er blaue
Augen hat, fühlt sich unfair behandelt. Eine Erkenntnis,
die 30 furztrockene Artikel einer Deklaration in eine
Weisheit fürs Leben verwandelt: Wir alle sind gleich,
Geschlecht, Hautfarbe oder Staatsangehörigkeit spielen
keine Rolle. Für José, Sohn eines spanischen Diplomaten
und an diesem Nachmittag unser Guide durch die
Vereinten Nationen, ist das eine Herzensangelegenheit.
Für die Eltern der Kinder auch, sonst wären sie mit ihrem
Nachwuchs wohl kaum gekommen.

POLITISCH BETRACHTET befinden wir uns
am wichtigsten Ort in ganz New York. Ein »Geschenk
für die Welt« nannten die Gründer 1945 ihre Kreation,
die für den Weltfrieden, sozialen Wohlstand aller und
die Einhaltung der Menschenrechte steht. Ein Geschenk
hat auch fast jeder Staat dieser Organisation gemacht.
Überall hängen Kunstwerke an den Wänden oder
stehen in Vitrinen. Warum die Welt auf dem UNO-Logo
so komisch aussieht, will Joshua aus Australien wissen.
Wir sitzen in der Generalversammlung, einem Saal,
den elf internationale Architekten in den 1950er-Jahren
entworfen haben. Gerade haben wir die Kuppel von
Oskar Niemeyer bewundert, Kopfhörer ausprobiert,
uns über die Sitzordnung Gedanken gemacht, Fotos
geschossen und abstrakte Wandgemälde des Franzosen
Leger interpretiert. Eine sehr gute Frage, findet nicht nur
José und erklärt: Das Logo zeigt die Weltkugel, aber aus
der Perspektive vom Nordpol aus. Bestimmt wegen der
Gerechtigkeit, vermutet Joshua, so wie ja auch die Fahnen
der 193 Mitgliedsstaaten draußen in alphabetischer
Reihenfolge wehen: von A wie Afghanistan bis Z wie
Zimbabwe. Ich bin baff, was der Kleine alles weiß.

WER DIE VEREINTEN NATIONEN BESUCHT,

also rund eine Million Menschen im Jahr, ist ihnen eher wohlgesonnen. Die UNO kann Freunde gut gebrauchen. Selten zuvor in der Geschichte des Staatenverbundes lagen Macht und Ohnmacht so nah beisammen wie heute, selten zuvor geriet sie so flächendeckend unter populistischen Beschuss. Dabei macht der Blick hinter die Kulissen eines deutlich: Die Vereinten Nationen, das sind in Wahrheit wir. Die Organisation wacht über unsere Rechte, verteidigt unsere Werte. Rein geografisch befinden wir uns zwar in Manhattan, doch amerikanische Regeln gelten hier nicht. Das 7 Hektar große Areal ist internationales Territorium. Es gibt ein eigenes Steuersystem, eigene Briefmarken, eine eigene Polizei und eigene Soldaten, die von den Mitgliedsstaaten entsandt werden. In der Lobby setze ich den Blauhelm für den touristischen Schnappschuss auf und stelle mich in der Fotobox vor ein Weltkulturerbemotiv meiner Wahl. Denn was hier am East River von Manhattan passiert, betrifft mich und den ganzen Rest der Welt.

✕

WENN MAN SCHON MAL HIER IST:

10 Gehminuten entfernt steht eines der berühmtesten Wahrzeichen der Stadt: das **Chrysler Building** □→. Die markante, glitzernde Stahlkuppel und ihre Wasserspeier, die Kühlerfiguren und Radkappen nachempfunden sind, lassen sich am besten aus der Ferne bewundern. Einen Block weiter schindet der **Grand Central Terminal** mit seiner Art-déco-Opulenz wirklich Eindruck (siehe S. 131). Die **Oyster Bar** im Untergeschoss ist eine Restaurant-Institution – zu Recht (siehe S. 133).

GOING, GOING, GONE – BIS DER HAMMER FÄLLT

EIN ABEND IM AUKTIONSHAUS CHRISTIE'S

<--MIDTOWN

47/50 ST/ROCKEFELLER CTR U

+ + + S T E C K B R I E F + + +
WO? 20 ROCKEFELLER PLAZA +++ U 47-50 ST/
ROCKEFELLER CENTER MIT LINIEN B, D, F UND M
+++ WANN? FAST TÄGLICH AUKTIONSTERMINE AUF
CHRISTIES.COM +++ WIE LANGE? UNTERSCHIEDLICH
+++ WIE VIEL? KOSTENLOS +++ WICHTIG! NICHT
ABWIMMELN LASSEN! MAN KANN SICH VOR DER
AUKTION PERSÖNLICH AM KUNDENSCHALTER
REGISTRIEREN +++

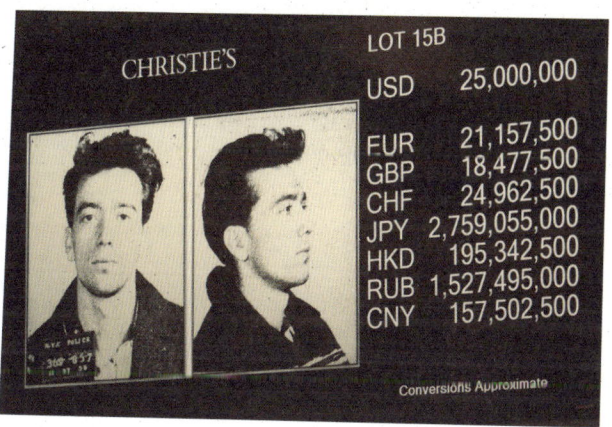

ZUM ERSTEN, ZUM ZWEITEN, ZUM DRITTEN

– peng! Mit einer kurzen, zackigen Bewegung klopft Jussi Pylkkänen auf das Pult. Der Chefauktionator von Christie's versteigert nur selbst, wenn es wichtig ist. Wichtig meint lukrativ, und lukrativ sind derzeit vor allem Nachkriegskunst und Klassiker der Moderne. Stehen sie zum Verkauf, sitzen die Millionen der schwerreichen Sammler und Investoren besonders locker. Wie ein Dompteur stachelt Pylkkänen sie an, die hungrigen Löwen. Hin und wieder hört man ein leises Stöhnen, ein Bieter hat seine Budgetgrenze erreicht. Doch Pylkkänen kennt seine Stammkundschaft und wittert, da geht noch was! Schon schnellt eine weitere Hand nach oben: noch mal 100.000 Dollar mehr! Bei 5,4 Millionen saust der Hammer nieder. Fast ein Schnäppchen für Jeff Koons' *Hummer*, zumindest einer der günstigeren Käufe des Abends.

ICH BIN FASSUNGSLOS. Im Sekundentakt werden Millionen und Abermillionen Dollar gesetzt. Minuten später kostet so eine Aluminium-Skulptur, die aussieht wie ein aufgeblasenes Wasserspielzeug, ein schieres Vermögen. Wenn die Gebote in den neunstelligen Zahlenbereich davongaloppieren, brandet Applaus durch den Saal wie nach einer geglückten Flugzeuglandung. Mark Rothkos No. 7 (*Dark Over Light*) – mehr als 30,6 Millionen; Andy Warhols *Double Elvis* – 37 Millionen; Francis Bacons *Study for Portrait* – fast 50 Millionen Dollar, der Rekordhalter des heutigen Abends! Das Publikum klatscht. Welcher Kunst- oder Geldadlige die Summe hingeblättert hat, weiß nur das Auktionshaus selbst, man kennt sich und die Kommissionäre, die die Käufer meist vertreten. Letztere sind zwar registriert, bleiben aber gern anonym. Schließlich sollen die Gauner dieser Welt nicht gleich erfahren, wo die ersteigerten Schätze bald zu holen sind ... Rund 6 Milliarden Dollar setzt Christie's in seinen 450 Auktionen pro Jahr um und ist damit führend auf dem internationalen Kunstmarkt. Für mich gerät der Besuch hier zum Blick in eine Goldgrube, der beweist: Manche Leute haben einfach zu viel Geld!

NACH ETWA 90 MINUTEN ist alles vorbei. Erschöpfte Bieter defilieren in Maßanzügen und Edelsneakers an mir vorüber, im Arm eine Begleiterin, die unter der Last ihrer funkelnden Brillanten und glänzenden Perlen fast zusammenbricht. Wer in Jeans und Wattejacke zu Christie's kommt wie ich (und sich nicht vorab registriert hat, sondern das am selben Abend nachholt), bleibt beobachtender Zaungast. Eine Versteigerung bei Christie's ist nicht nur renditeträchtige Kapitalanlage, sondern auch ein sozialer Treffpunkt der feinen Gesellschaft und ihr Statussymbol. Das war schon so, als Gründer John Christie vor gut 250 Jahren in London zum ersten Mal den Hammer schwang. Ich lasse mir auf dem Weg zum Ausgang Zeit. Waren die Kunstwerke während der Auktion nur auf einem Bildschirm zu sehen, kann ich sie jetzt im Original bestaunen. Das geht übrigens auch während der Vorbesichtigungstermine. Deshalb empfehle ich einen Besuch bei Christie's auch all jenen, denen der Bieterzirkus zu dekadent oder die Registrierung zu nervig erscheint.

WENN MAN SCHON MAL HIER IST:

Christie's gehört zum Rockefeller Center Komplex, der ein Art-déco-Schmuckstück ist und vom **Top of the Rock** im 70. Stock (30 Rockefeller Plaza, $ 36, erm. $ 34, Kinder $ 30, topoftherocknyc.com) eine Aussicht auf das **Empire State Building** (siehe S. 130) bietet. Hier oben befindet sich auch die **Bar Sixtyfive at Rainbow Room** (siehe S. 134) □→. Der Blick hinunter lässt die **St. Patrick's Cathedral** (saintpatrickscathedral.org) an der Fifth Avenue auf Spielzeuggröße schrumpfen.

EIN
AMERIKANISCHER
TRAUM

DIE SINGENDEN KELLNER
IM ELLEN'S STARDUST DINER

MIDTOWN-->   50 ST Ⓤ×

+ + + S T E C K B R I E F + + +
WO? 1650 BROADWAY +++ U 50 ST MIT LINIE 1
+++ WANN? TÄGLICH 7 BIS 24 UHR +++ WIE VIEL?
KOSTENLOS +++ ELLENSSTARDUSTDINER.COM +++
WICHTIG! MEIDEN SIE DIE BELIEBTESTEN ESSENS-
ZEITEN. ES BILDEN SICH WARTESCHLANGEN! +++

124 GÜNSTIG, FAMILIENFREUNDLICH

DER REFRAIN von *Hakuna Matata* steigert sich zur Klangexplosion und weht einen Hauch afrikanischer Steppe an unseren Tisch. Ich sitze am Broadway, aber nicht in einem der mehr als 40 Musicaltheater, sondern in einem Diner, der original aussieht wie in den 1950er-Jahren. Bänke aus rotem Plastik formen Sitznischen und erinnern an die Bestuhlung in *Pulp Fiction*. Von der Decke baumeln Diskokugeln, und die Wände sind mit Fotos erfolgreicher Bühnenstars übersät. Die dort hängen, haben es schon geschafft auf die Bretter, die die Welt bedeuten. Die hier in Ellen's Stardust Diner arbeiten, träumen noch vom großen Durchbruch. Sie sind in Schauspiel, Tanz und Gesang geschult: Studienfach Musical. Während sie auf die Rolle ihres Lebens warten, tun sie ihren Finanzen und den Zuhörern mit ihrem Talent einen Gefallen. Indem sie als singende Kellner jobben.

MEHR ALS 200 hätten den Sprung vom Diner ins Rampenlicht bereits geschafft, sagt Philipo betont optimistisch. Wir hatten kaum Platz genommen, da kam unser Kellner auch schon mit der Speisekarte angeschossen. Wenn er nur halb so gut singt, wie er bedient, denke ich im Stillen, wird das ein toller Abend. Noch habe ich keine Augen für das Menü. Auf dem Catwalk, der mitten im Raum auf den Rücklehnen unserer Sitzbänke verläuft, singen und tanzen zwei Mädels im Duett. »Die sind ja richtig, richtig gut!«, stelle ich begeistert fest. Kate habe einen Tony Award, scherzt einer ihrer Kollegen – der immerhin wichtigste Musical-Preis Amerikas. Ich bin geneigt, das zu glauben, und ein sattes Trinkgeld ist ihr gewiss. Kaum ist sie von der Bühne runter, flitzt sie leichtfüßig mit Tabletts herum, die sich unter der Last der Burger und Hähnchenschenkel biegen. Zack, zack geht das, ich bin schon vom bloßen Zuschauen ganz außer Atem. Während die ersten Kalorienbomben in unsere hungrigen Mägen wandern, erfüllt ein breites Repertoire unsere Ohren: von beliebten Musicaltiteln über Rocknummern wie Lenny Kravitz' *Fly Away* bis zu Adeles *Rumour Has It* reicht das Repertoire.

JEDER DER SINGENDEN KELLNER hat seine Favoriten und bringt sie hier ein. Darauf achtet Scott Barbarino, der künstlerische Leiter des Ladens, schon beim Casting. Bei den regelmäßigen Auditions hängt er die Latte hoch, viele der Bewerber haben Bühnenreife. Deshalb kann es passieren, dass auch Philipo mal einige Wochen lang verschwunden ist. Dann spielt er am Theater. Doch das Showbusiness ist eine launische Diva, und Festanstellungen sind selten. Nach Ende der Produktion landet Philipo für gewöhnlich wieder hier. Ob ihm der Job Spaß bringt? »Blöde Frage«, sagt er, der vorher bei Disney World war. Tatsächlich sieht es ganz so aus. Oder aber Philipo ist nicht nur ein guter Sänger, sondern ein ebenso begabter Mime! Eines täte ihm allerdings leid, fügt er zum Schluss hinzu. Nämlich, dass sich kaum ein New Yorker je ins Ellen's Stardust verirre. Keine einheimischen Gäste bedeutet auch: keine Talentscouts, die ihn entdecken könnten. Mich fragt zwar keiner, aber ich würde jeden Einzelnen dieser singenden Kellner und Kellnerinnen sofort engagieren!

WENN MAN SCHON MAL HIER IST:

Länger als bei **Ellen's Stardust** steht man nur am **MoMA** □→ Schlange, dem **Museum of Modern Art** (siehe S. 132). Nach dem Kunstgenuss gelangt man schnell zur **Fifth Avenue**, wo berühmte Kaufhäuser mit kostenfreiem Service punkten: **Saks Fifth Avenue** hat einen Beauty Floor, wo man Handys aufladen, Tee trinken und sich schminken lassen kann (saksfifthavenue.com). Frisch gestylt macht man sogar bei **Christie's** (siehe S. 120–123) eine gute Figur.

WENN MAN SCHON MAL IN MIDTOWN IST

+++ SEHEN +++

+++ ESSEN +++

+++ AUSGEHEN +++

+++ SHOPPEN +++

+++ SCHLAFEN +++

EMPIRE STATE BUILDING

Egal, welche Metamorphose Manhattan gerade durch-
läuft, das Empire State Building bleibt das Wahrzeichen
der Stadt, vor allem nachts, wenn seine Spitze leuchtet. 110 Millionen Menschen haben das Art-déco-Ge-
bäude seit seiner Eröffnung 1931 nach nur 13 Mona-
ten Bauzeit besucht. Schon die denkmalgeschützte
Lobby ist der Hammer. Nur die Aussichtsplattform auf
320 Metern Höhe hat mit dem **Top of the Rock** (siehe
S. 123), dem **One World Tower** (siehe S. 43) und **Sky View**
in den **Hudson Yards** (siehe S. 100) viel Konkurrenz.

+++ 250 5TH AVENUE +++ U 34 ST/HERALD SQ
+++ TÄGL. 8-2 UHR +++ AUSSICHTSPLATTFORM
IM 86. STOCK $ 37. ERM. $ 35. KINDER AB
6 JAHREN $ 31. DIE FAHRT ZUM 102. STOCK KOS-
TET $ 20 EXTRA +++ EXPRESS-TICKETS $ 65 +++
ESBNYC.COM/DE +++

←□ GRAND CENTRAL TERMINAL

Bis heute ist der Grand Central Terminal mit 44 Bahnsteigen und 67 Gleisen der größte Bahnhof der Welt. Er wurde 1913 eröffnet und ähnelt einem Beaux-Arts-Palast. Die geschwungenen Marmortreppen der Haupthalle verleihen dem Gebäude mitsamt der Decke, die als Sternenhimmel gestaltet ist, erstaunliche Imposanz. An der berühmten Messinguhr trifft man sich, bevor man im Untergeschoss essen geht. Die Tiffany-Uhr an der Außenfassade hat 4 Meter Durchmesser.

+++ 42ND STREET/VANDERBUILT AVENUE +++ U GRAND CENTRAL/42 ST +++ FÜHRUNGEN VIA GRANDCENTRALTERMINAL.COM +++

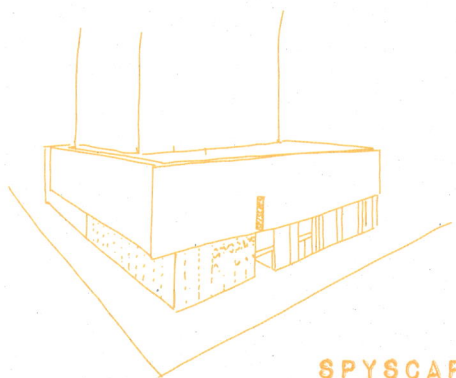

SPYSCAPE MUSEUM

Wie viel James Bond steckt in Ihnen? Das lässt sich im Spionagemuseum interaktiv und spielerisch herausfinden. Macht Spaß, hat aber seinen Preis.

+++ 928 8TH AVENUE +++ U 57 ST +++ MO-FR 10-21 UHR, SA/SO 9-21 UHR +++ $ 39, KINDER (3-12 J.) $ 32 +++ SPYSCAPE.COM +++

MUSEUM OF MODERN ART (MOMA)

Als das MoMA 1929 eröffnete, war es das einzige Museum der Welt, das nur moderne Kunst ausstellte. Heute gehören mehr als 150.000 Kunstwerke zur Sammlung, ein einmaliger Querschnitt durch die Gegenwartskunst, von der nur ein Bruchteil gezeigt werden kann. Aus Platzmangel wird schon wieder umgebaut.

+++ 18 WEST 54TH STREET (EINGANG WÄHREND DER BAUARBEITEN) +++ U 5 AV/53 ST +++ TÄGL. 10.30–17.30 UHR +++ $ 25, ERM. $ 18, SCHÜLER/ STUDENTEN $ 14 +++ WICHTIG! TICKETS VORAB ONLINE KAUFEN UND GROSSE TASCHEN IM HOTEL LASSEN +++ MOMA.ORG +++

TIMES SQUARE

Die berühmteste Verkehrskreuzung der Welt. »Disney-fizierung!«, klagen Einheimische und meinen nicht nur die kostümierten Comichelden oder halbnackten Cowboys, die sich für ein Foto bezahlen lassen. Die bunten Werbetafeln sind gigantisch, man genießt sie am besten von der TKTS-Tribüne aus, wo verbilligte Karten für die Musicaltheater der Umgebung verkauft werden (tdf.org/nyc/7/tkts-ticket-booths).

+++ VON DER 42ND BIS ZUR 47TH STREET ZWISCHEN BROADWAY UND 7TH AVENUE +++ U 42 ST/TIMES SQ +++ TIMESSQUARENYC.ORG +++

GRAND CENTRAL
OYSTER BAR & RESTAURANT

Dieses Restaurant gibt es so lange wie den Bahnhof, und seitdem ist es angesagt. Fünf Millionen Austern werden hier jedes Jahr geschlürft, ein Dutzend Sorten stehen zur Auswahl.

+++ GRAND CENTRAL TERMINAL, LOWER CONCOURS, 89 EAST 42ND STREET +++ U GRAND CENTRAL/42 ST +++ MO-SA 11.30-21.30 UHR +++ OYSTERBARNY.COM +++

SARDI'S

Das Besondere: Hunderte von Karikaturen berühmter Schauspieler blicken von den Wänden. Die Küche des Traditionsrestaurants im Theaterbezirk ist solide, italienisch angehaucht und mittelpreisig, der Service aufmerksam.

++ 234 W 44TH STREET +++ U 42 ST/TIMES SQ +++ DI-SA 11.30-23.30 UHR, SO 12-19 UHR +++ SARDIS.COM +++

THE HALAL GUYS

Der Straßenstand wurde einst errichtet, um muslimische Taxifahrer zu versorgen. Heute gibt es die Hühnchen-Reisgerichte und Gyrossandwiches auch als Franchise.

+++ WEST 53RD STREET/6TH AVENUE +++ 47-50 STS/ ROCKEFELLER CENTER +++ MO-DO UND SO 10-4 UHR, FR/SA BIS 5.30 UHR +++ THEHALALGUYS.COM +++

JUNIOR'S

Gemütlich ist es nicht, aber der Cheesecake nach altem Familienrezept ist seit 1950 weltberühmt. Wer es deftig bevorzugt, bekommt auch Sandwiches, Burger und Zwiebelringe.

+++ 1626 BROADWAY +++ U 50 ST +++ SO-DO 6.30-24 UHR, FR/SA BIS 1 UHR +++ JUNIORSCHEESECAKE.COM +++

4

JIMMY'S CORNER □↑

Profitrainer Jimmy Glenn ließ 1971 den Boxring hinter sich und wurde Wirt. Die Einrichtung des Ladens erinnert an die Blütezeit des Sports, das Hausgetränk Hurricane wirkt wie ein Haken.

+++ 140 WEST 44TH STREET +++ U 42 ST/TIMES SQ +++ MO–FR 11.30–4 UHR, SA AB 12.30, SO AB 15.30 UHR +++ M.FACEBOOK.COM/JIMMYSCORNERNYC +++

BAR SIXTYFIVE AT RAINBOW ROOM

Eine Bar für die besondere Gelegenheit mit derselben tollen Aussicht wie vom Top of the Rock.

+++ 30 ROCKEFELLER PLAZA IM 65. STOCK +++ U 47–50 STS/ROCKEFELLER CENTER +++ MO–FR 17–24 UHR, SO 16–21 UHR +++ RAINBOWROOM. COM/BAR-SIXTY-FIVE +++ AB 21 JAHREN +++ ELEGANTE KLEIDUNG +++ VERZEHRMINIMUM ($ 65) AUF DER AUSSENTERRASSE +++

B&H PHOTO – VIDEO – PRO AUDIO

Der Laden im Besitz orthodoxer Juden ist das größte und möglicherweise beste unabhängige Geschäft Amerikas für Foto- und Videokameras sowie Elektronik.

+++ 420 9TH AVENUE +++ U 34 ST/PENN STATION +++ MO–DO 9–19 UHR, FR 9–14 UHR, SO 10–18 UHR +++ BHPHOTOVIDEO.COM +++

MACY'S

Sie behaupten von sich, das größte Kaufhaus der Welt zu sein. – Aber gab es da nicht auch noch Harrods und das KaDeWe? Die Schaufensterdeko jedenfalls ist unschlagbar. Wie auch so mancher Rabatt.

+++ 151 WEST 34TH STREET +++ U 34 ST/HERALD SQ +++ MO-SA 10-22 UHR, SO BIS 21 UHR +++ L.MACYS.COM/NEW-YORK-NY +++

+ + + + + + + + + + SCHLAFEN + + + + + + + + + + +

THE CHATWAL

Einst ein elitärer Theaterclub, in dem Charlie Chaplin und Fred Astaire verkehrten, hat das Hotel die originalen Art-déco-Elemente mit modernen Accessoires und zeitge-nössischer Kunst kombiniert. Es bietet Butler-Service, und die dekadenten Bäder haben schwarze Marmorböden, verspiegelte Wände sowie beheizte Klobrillen. Samstag und Sonntag kann man im Lambs Club bei Live-Jazz brunchen.

+++ 130 WEST 44TH STREET +++ U 42 ST/TIMES SQ +++ DZ AB $ 495 +++ THECHATWALNY.COM +++

MOXY NYC TIMES SQUARE

Dieses Hotel liegt nahe am Times Square und hat die größte Rooftop Bar der Stadt. Die mehr als 600 Zimmer sind nicht sehr groß und in minimalistischem Industrie-Chic gehalten. Eine gute Wahl für alle, die es urban lieben und gern mitten im Geschehen sind.

+++ 485 7TH AVENUE +++ U 34 ST/PENN STATION +++ DZ AB $ 125 (OFF-SAISON) UND AB $ 250 (HAUPTSAISON) +++ MARRIOTT.DE/HOTELS/TRAVEL/ NYCOX-MOXY-NYC-TIMES-SQUARE +++

5

UPPER MANHATTAN: UPPER WEST SIDE, CENTRAL PARK, UPPER EAST SIDE

+++ ERLEBEN +++

ALS DER FAST 350 HEKTAR
große Central Park 1873 fertig wird, baut man drum
herum wunderschöne, imposante Wohnhäuser für
die gehobene Mittelschicht und die Upper Class.
Hier helfen bis heute livrierte Portiers den
Bewohnern galant aus der Limousine und ins
marmorne Foyer. In dieser kunstsinnigen
Nachbarschaft siedelten sich einige der
bedeutendsten Museen und Kulturinstitutionen der Stadt an. Sie ballen
sich in der Upper East Side entlang
der Fifth Avenue zur Museumsmeile
und in der Upper West Side zum
Lincoln Center.

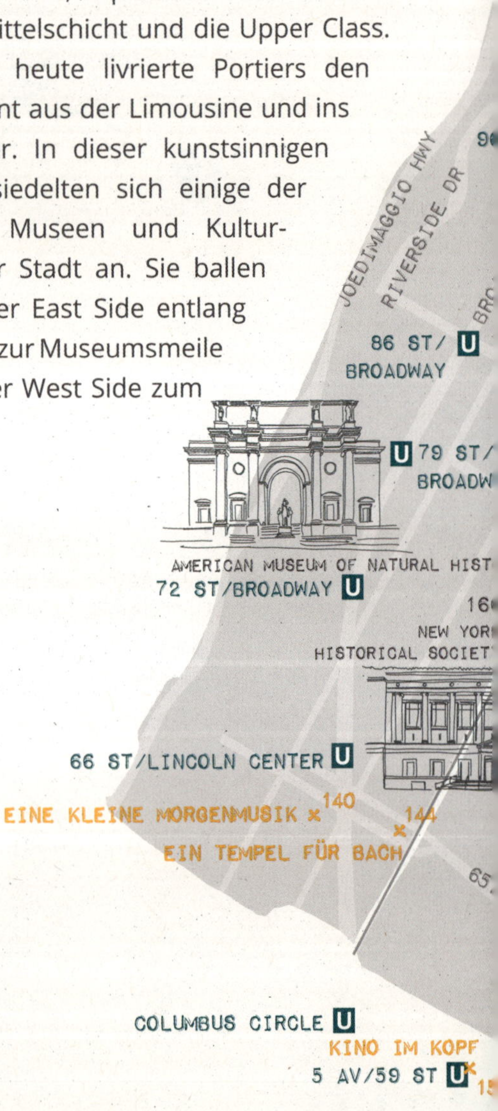

JOEDIMAGGIO HWY
RIVERSIDE DR
9

86 ST / U
BROADWAY

U 79 ST /
BROADW

AMERICAN MUSEUM OF NATURAL HIST
72 ST/BROADWAY U

16
NEW YOR
HISTORICAL SOCIET

66 ST/LINCOLN CENTER U

EINE KLEINE MORGENMUSIK x 140   144
EIN TEMPEL FÜR BACH
65

COLUMBUS CIRCLE U
KINO IM KOPF
5 AV/59 ST U
15

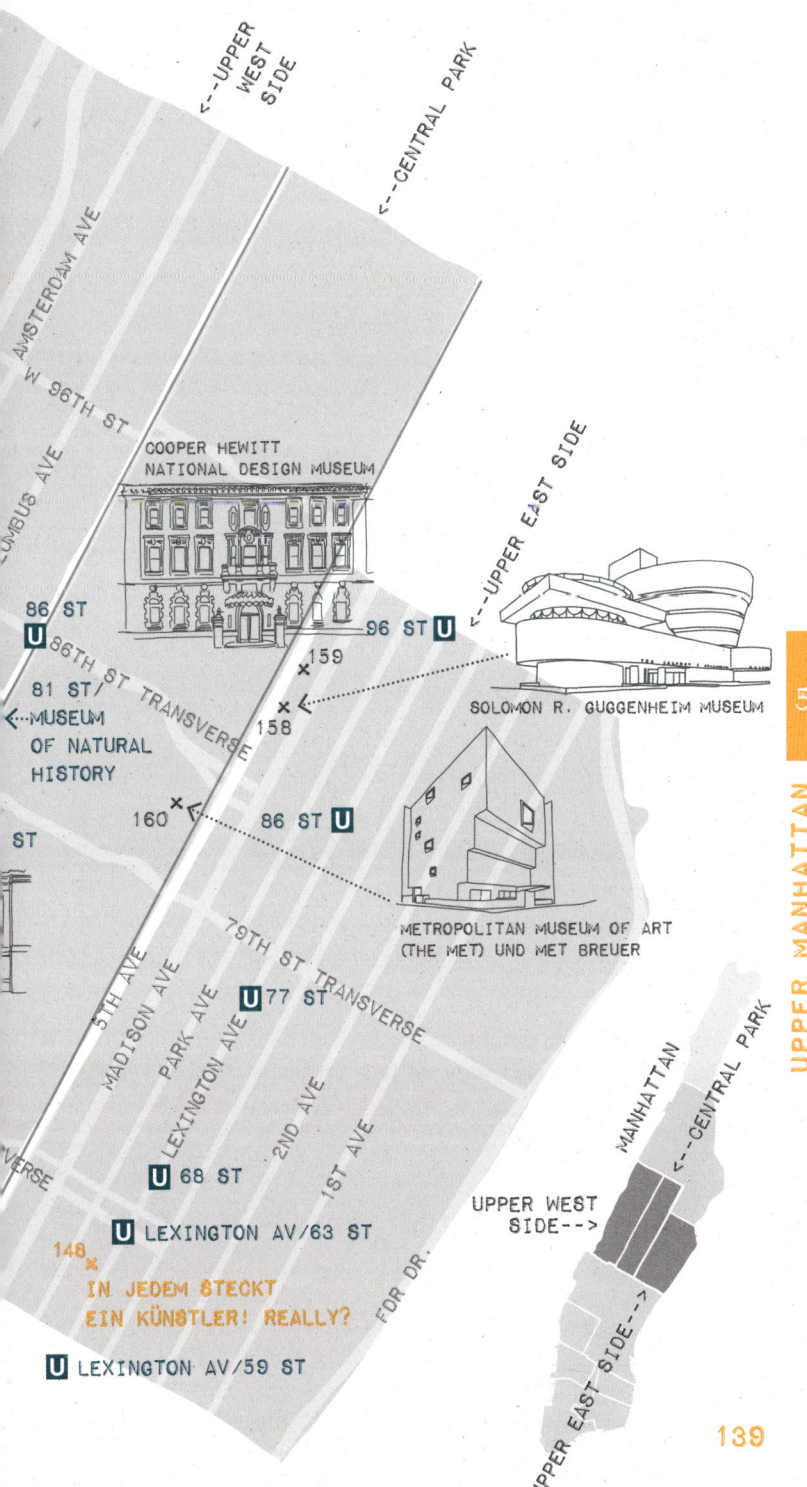

UPPER WEST SIDE

CENTRAL PARK

AMSTERDAM AVE

W 96TH ST

COLUMBUS AVE

COOPER HEWITT
NATIONAL DESIGN MUSEUM

UPPER EAST SIDE

86 ST
U

86TH ST TRANSVERSE

96 ST **U**

81 ST/
<---MUSEUM
OF NATURAL
HISTORY

× 159

× 158

SOLOMON R. GUGGENHEIM MUSEUM

160 ×

86 ST **U**

ST

METROPOLITAN MUSEUM OF ART
(THE MET) UND MET BREUER

5TH AVE

MADISON AVE

PARK AVE

LEXINGTON AVE

79TH ST TRANSVERSE

U 77 ST

2ND AVE

1ST AVE

VERSE

U 68 ST

U LEXINGTON AV/63 ST

148 ×
IN JEDEM STECKT
EIN KÜNSTLER! REALLY?

FDR DR.

U LEXINGTON AV/59 ST

UPPER WEST
SIDE-->

MANHATTAN

CENTRAL PARK

UPPER WEST
SIDE-->

UPPER EAST SIDE-->

UPPER EAST SIDE-->

EINE KLEINE MORGENMUSIK

ZU DEN OPEN REHEARSALS
IN DIE PHILHARMONIE

UPPER WEST SIDE-->   **U** 66 ST/LINCOLN CENTER

+ + + S T E C K B R I E F + + +
WO? DAVID GEFFEN HALL IM LINCOLN CENTER.
10 LINCOLN CENTER PLAZA +++ U 66 ST/LINCOLN
CENTER MIT LINIE 1 +++ WANN? NACH ANKÜNDI-
GUNG AUF NYPHIL.ORG/CONCERTS-TICKETS (»DEEPER
ENGAGEMENT«. DANN »OPEN REHEARSALS«). BEGINN
9.45 UHR +++ WIE LANGE? 2.5 STUNDEN +++ WIE
TEUER? $ 22 +++ WICHTIG! DIE ÖFFENTLICHEN
PROBEN FINDEN 2- BIS 3-MAL IM MONAT IN DER
SPIELSAISON VON OKTOBER BIS MAI STATT +++

HEUTE PASST ES MIR SOGAR MAL, dass das Wetter nicht ins Freie lockt. Es ist früher Vormittag, und ich gehe in ein Konzert. Ja, in New York ist das auch zu dieser Tageszeit möglich. Zumindest seit Leonard Bernstein 1959 die Open Rehearsals ins Leben gerufen hat, um klassische Musik aus der Nische heraus und ins Leben der Menschen hinein zu holen. Bevor am Abend die festliche Premiere steigt, laden die New York Philharmonics musikaffine Bürger zur zwanglosen Generalprobe ein. Ihr Stammhaus ist die David Geffen Hall, ein modernistischer Bau aus den 1960er-Jahren und Teil des Lincoln Centers. Vor dem Schalter hat sich eine kleine Schlange gebildet, Smoking und Abendroben sucht man vergebens. Jeder erscheint, wie er will, und erlebt für $ 22 so ziemlich dasselbe, für das man am Abend das Doppelte oder Dreifache hinblättern muss.

LEIDER, BEDAUERT DIE DAME an der Kasse, mit der ich ins Gespräch komme, werde ich heute nicht die erste Garde hören. Hinterm Pult ein Gastdirigent aus Tschechien, der Pianist gebe »gerade mal« sein Debüt. Sie kennt sich offenbar aus, ich hingegen bin zum ersten Mal hier und lasse mich beraten. Erster Rang, Door 12 sind die besten Plätze mit guter Sicht und sauberer Akustik, sagt die Platzanweiserin. Ich folge ihrem Rat und sitze neben Karen, die ebenso viel Erfahrung zu haben scheint wie meine Gesprächspartnerin am Ticketschalter. Wenn das Orchester ohne Unterbrechungen durchspielt, sei es natürlich am schönsten. Heute ist uns das nicht vergönnt. Immer wieder werden Passagen aus Brahms' *Tragischer Ouvertüre* und Shostakovichs' *Symphony No. 5* wiederholt. Am Anfang versuche ich noch zu hören, was beim zweiten Versuch wohl anders klingt. Doch das entzaubert, also gebe ich auf und beschließe, jede Variante einfach zu genießen. Schließlich ist der junge Pianist an der Reihe. Bertrand Chamayou aus Paris hämmert Mendelssohns *Concerto No. 1* in die Tasten. Mit solcher Bravour, dass er stehende Ovationen erhält. Was für ein Debüt – wenn ihm das auch am Abend gelingt. Das hier sind ja »nur« die Proben!

DAS PHILHARMONISCHE ORCHESTER

von New York ist eine 175 Jahre alte Institution mit Weltniveau. Schon Kurt Masur, Arturo Toscanini und der bereits erwähnte Leonard Bernstein schwangen hier den Taktstock. Deshalb die große Ehrfurcht, die die Open Rehearsals mindern helfen. Bald wird es einen Dirigentenwechsel geben, hat mir meine Nachbarin erzählt. Der Neue sei ein Niederländer, nicht »from the ranks«, nicht aus den eigenen Reihen. Ich mache mir um die Zukunft des Orchesters keine Sorgen. Wo sonst in der Welt gibt es ein kostenfreies Programmheft für jeden Gast und kostenloses Wasser aus dem Trinkbrunnen? Wo sonst in Manhattan zahlt man für den Kaffee nur 4 Dollar?

Ich habe noch etwas Zeit und schlendere durch die Dauerausstellung im Foyer, eine Art Hall of Fame der darstellenden Künste. Bernsteins Bleistift, mit dem er seine Kompositionen schrieb, und sein Taktstock liegen neben Presseausschnitten und alten Partituren. Bestimmt, ich bin fast sicher, wird auch der neue Dirigent der New Yorker Philharmoniker hier einmal verewigt werden.

5

WENN MAN SCHON MAL HIER IST:

Das **Lincoln Center** hat noch viel mehr zu bieten: Im **Rubinstein Atrium** finden regelmäßig kostenfreie Performances statt, ausgefallene Souvenirs kann man im **Julliard Store** oder dem **Met Opera Shop** ⟶ergattern. Auf der anderen Straßenseite liegt das **American Folk Art Museum**, wo naive Malerei und Handwerkskunst zu sehen sind (2 Lincoln Square, Di–Do u. Sa 11.30–19 Uhr, Fr 12–19.30 Uhr, So 12–18 Uhr, Eintritt frei, folkartmuseum.org).

EIN TEMPEL FÜR BACH

ZUR SONNTAGSVESPER
IN DIE EVANGELICAL LUTHERAN
CHURCH OF THE HOLY TRINITY

UPPER WEST SIDE-->

U COLUMBUS CIRCLE

+ + + S T E C K B R I E F + + +
WO? 3 W 65TH STREET +++ U 59 ST/COLUMBUS
CIRCLE MIT LINIEN A. B. C. D UND 1 +++ WANN?
VON OKTOBER BIS OSTERN SONNTAGS UM 17 UHR.
HOLYTRINITYNYC.ORG/BACH-VESPERS +++ WIE LANGE?
90 MINUTEN +++ WIE VIEL? KOSTENLOS +++

EINST SASS EIN SCHMÄCHTIGER HERR

vorne in der ersten Kirchenbank. Immer wieder
verdrehte er den Hals, um den Chor zu sehen, der über
der Westpforte auf der Orgeltribüne stand. An seiner
markanten Nickelbrille erkannte man schließlich, wer
dieser interessierte Besucher war – kein Geringerer als
John Lennon. Der Wahl-New-Yorker wohnte nur sieben
Blocks entfernt im Dakota. Lennon und Johann Sebastian
Bach seien Seelenverwandte gewesen, erzählt mir Pastor
Wilbert Miller in unserem kurzen Gespräch: beide Poeten
und Träumer mit Vision. Seit Lennons Besuch singt der
Chor nicht mehr im Rücken der Gläubigen, sondern vor
dem Hochaltar. Ein verdienter Ehrenplatz, denn die acht
Sänger und Sängerinnen bilden zusammen mit zehn
Musikern eines der renommiertesten Ensembles früher
Musik in den USA. Bereits zwei Mal wurden sie für den
Grammy nominiert.

AN DIESEM SONNTAG ist Auftakt zur bereits 51. Saison der »Bach Vespers«. Man bekommt sie in Gottesdiensten nur selten zu hören, weil sie musikalisch so anspruchsvoll sind. Neben guten Chorstimmen braucht es vor allem einen virtuosen Geiger und einen noch virtuoseren Organisten. Den hat die Holy Trinity Church in ihrem Kantor Donald Meineke gefunden. Das Ensemble macht seine Sache so gut, dass die New York Times die Kirche »New York's Temple to Bach« taufte. Das lasse ich mir nicht entgehen! Wie John Lennon setze auch ich mich in die vorderste Kirchenbank – und verdrehe erst mal den Hals. Denn der Chor schreitet zum Instrumentalstück *Präludium und Fuge* in d-Moll in weißen Messgewändern durch das Schiff, voran eine Weihrauchkugel schwenkend, aus der es geradezu »höllisch« qualmt. Aus den Nebeln taucht das Orchester auf, das an – mir teilweise unbekannten – Instrumenten vor uns Platz nimmt. Dann erheben die Männer und Frauen ihre Stimmen, und zu herrlichster Orgelmusik erklingt *O Welt, ich muss dich lassen*, ein Sterbelied, das mich allem Irdischen umgehend entrückt.

SELBST WENN man weniger die geistliche Komponente der Vesper sucht, sondern wegen der Musik gekommen ist, wird dieser Nachmittag zu einer höchst spirituellen Angelegenheit. Johann Sebastian Bach hat die Kantaten vor knapp drei Jahrhunderten komponiert, als er Thomaskantor in Leipzig war. Er goss christlichen Glauben in Töne, und Kirche und Konzertsaal wurden eins. Insgesamt 300 geistliche Kantaten soll er geschrieben haben, 199 davon sind erhalten. Die Musikgattung ist im Umfeld der frühen italienischen Opern entstanden, viele Passagen erinnern an Arien. Zur Zeit ihrer Entstehung wurden sie deshalb von manchen Kirchenkreisen als »zu sinnlich« abgelehnt, eine nachgerade »teuflische Versuchung« ... Mir kann es gar nicht sinnlich genug werden. Mit seinen Motetten, Suiten, Präludien und Fugen des wohltemperierten Klaviers hat Johann Sebastian Bach zeitlose Werke geschaffen, die nun seit 1968 dafür sorgen, dass die Kirchenbänke der Evangelical Lutheran Church of the Holy Trinity sonntags immer voll werden.

5

WENN MAN SCHON MAL HIER IST:
In derselben Straße liegen zwei sehenswerte Museen: das **American Museum of Natural History** (siehe S. 159) ☐→ mit einem der besten Planetarien der Welt und die **New York Historical Society** (siehe S. 160) zur Geschichte der Stadt und mit einer bedeutenden Sammlung von Tiffany-lampen. Vor der Tür liegt der **Central Park** (siehe S. 152–155), wo Yoko Ono mit den Strawberry Fields John Lennon gedenkt (Höhe 72nd Street) oder Sie in der **Tavern on the Green** (siehe S. 161) einkehren können.

IN JEDEM STECKT EIN KÜNSTLER! REALLY?

ZUR SKETCH NIGHT BEI DER SOCIETY OF ILLUSTRATORS

LEXINGTON AV/63 ST U

<--UPPER EAST S

+ + + S T E C K B R I E F + + +
WO? 128 EAST 63RD STREET +++ U LEXINGTON AV/
59 ST MIT LINIEN N, R UND W +++ WANN?
DIENSTAG (AKT) UND DONNERSTAG (ANDERE THEMEN)
18.30 UHR +++ WIE LANGE? BIS 21.30 UHR +++
WIE VIEL? $ 20, $ 15 FÜR STUDENTEN UND
SENIOREN +++ WICHTIG! ES GIBT LIVEMUSIK UND
EIN KOSTENFREIES BUFFET! +++

ICH BIN MIT ZEICHENBLOCK und Bleistift »bewaffnet«, sitze vor der kleinen Bühne und weiß nicht, wo ich anfangen soll. Die beiden Modelle haben ihre Bademäntel abgelegt und sich nackt in Positur gebracht. Die eine sitzt, die andere steht – das ist mir schon mal lieber. Doch wie beginnen? Beim Kopf oder mit den Füßen? Puh, zu viele filigrane Details, ich steuere lieber beherzt die Mitte an. Während ich versuche, Konturen von Rücken, Hüfte und Po einzufangen, spielt die Liveband erste Akkorde. Ich nehme einen Schluck Wein, in der Hoffnung, er möge nicht nur meine Hemmungen senken, sondern auch meine Hand beflügeln. Denn eigentlich bedarf es einiger Übung, der menschlichen Anatomie durch Striche und Schraffierungen gerecht zu werden. Die fehlt mir allerdings gänzlich.

NUR MIT MÜHE habe ich überhaupt noch einen Platz bekommen, hier im zweiten Stock der Society of Illustrators. Die Sketch Night, die übrigens nichts mit Sketchen zu tun hat, sondern ausschließlich mit Skizzen, ist sehr beliebt. Noch 40 bis 50 weitere Zeichenaspiranten wagen sich mit mir an die üppigen Proportionen. Die Modelle, so erfahre ich von Lynn Foster, die den Abend organisiert, kommen oft aus Burlesque-Theatern. Die hätten nämlich kein Problem mit Nacktheit, könnten Posen halten und sähen interessant aus, nicht wie Fotomodelle, sondern wie Menschen aus Fleisch und Blut: klein oder groß, dick oder dünn, tätowiert oder gepierct. Auch die Band für diesen Abend, die Folk-, Blues- und Jazzmelodien spielt, hat Lynn gebucht. Die Musik soll die Laune heben, wenn der Strich mal nicht sitzt und die Zeichnung keine Gestalt annehmen will. Sie soll auch diejenigen unterhalten, die mal eine Pause machen. Dann greift man sich am Buffet ein Schüsselchen Mac and Cheese (= Makkaroni mit Käse) und setzt sich nach draußen in den hübschen Innenhof oder drinnen an die lauschige Bar. Ich gehe durch die Reihen und staune, welche Meisterwerke man in nur zwei Minuten mit etwas Talent aufs Papier bringen kann.

DIE GESELLSCHAFT der Illustratoren wurde 1901 gegründet und ist ein freundlicher Club, zu dessen Sketch Nights auch Nichtmitglieder willkommen sind. Das Townhouse ist gleichzeitig Museum, in dem auf drei Stockwerken Comics und Cartoons, Karikaturen und Illustrationen aller Art an den Wänden hängen. Zur Sketch Night geht es die steile, knarrende Treppe hinauf, vorbei an der Ahnengalerie der Vereinspräsidenten. Oben über der Bar, wo es stramme Cocktails gibt, hängt das Bild einer lustigen Kutschfahrt von Norman Rockwell. Der war Amerikas berühmtester Zeichner und ebenfalls Mitglied hier. Rockwell ist für seine fotografische Detailtreue und Präzision bekannt, meine Werke nehmen sich künstlerische Freiheit und sind mit der Vorlage nur entfernt verwandt. Wenn in mir eine Künstlerin steckt, dann wohl eine abstrakte. Aber egal, den Künstler in uns zu suchen und im Glücksfall zu finden ist vielleicht eines der letzten Abenteuer, die man (oder frau) in der Upper East Side noch bestehen kann. Das macht auch den Reiz dieses Abends aus.

WENN MAN SCHON MAL HIER IST:

Ein kurzer Spaziergang führt zur **Fifth Avenue**. An der Museumsmeile liegen die wichtigsten Kunstinstitutionen der Stadt, darunter die **Frick Collection** (frick.org), das **Solomon R. Guggenheim Museum** (siehe S. 158) □→ und das **Metropolitan Museum of Art** (siehe S. 160). In der **Neuen Galerie** (neuegalerie.org) sind deutsche und österreichische Werke des 20. Jahrhunderts versammelt.

KINO IM KOPF

AUF DER MOVIE TOUR
DURCH DEN CENTRAL PARK

CENTRAL PARK-->

5 AV/59 ST

+ + + S T E C K B R I E F + + +
WER? ON LOCATION TOURS +++ WO? SÜDLICHER
CENTRAL PARK. TREFFPUNKT U 5 AV/59TH ST
(LINIEN N, R UND W) +++ WANN? TÄGLICH 12 UHR
(ENGLISCH), SAMSTAGS 12 UHR (DEUTSCH) +++ WIE
LANGE? CA. 2 STUNDEN +++ WIE VIEL? $ 27,
KINDER $ 19 +++ ONLOCATIONTOURS.COM/TOUR/
CENTRAL-PARK-TV-MOVIE +++

DAS EMPIRE STATE BUILDING?

King Kong. Das keilförmige Flatiron Building? *Spiderman*.
Der Zoo im Central Park? *Madagascar*. Egal, wo man in
Manhattan hinkommt – ein Filmteam war bereits da. Egal,
was man sieht – es kommt einem irgendwie bekannt vor.
Denn New York City ist eine der beliebtesten Filmkulissen
der Welt: ein Hollywood am Hudson. Der heimliche Superstar unter den Drehorten ist der Central Park. Hier sind
Szenen für mehr als 200 Filme entstanden, jedes Fleckchen hat seine eigene Produktionsgeschichte. Klappe –
und Action! Die Walking Tour zu den Originaldrehorten ist
Kino im Kopf, und dabei erfährt man außerdem noch viel
über den größten Park New Yorks. Etwa, dass Monaco und
der Vatikan zusammen hineinpassen würden oder dass
das Denkmal für John Lennon die Form einer Träne hat.

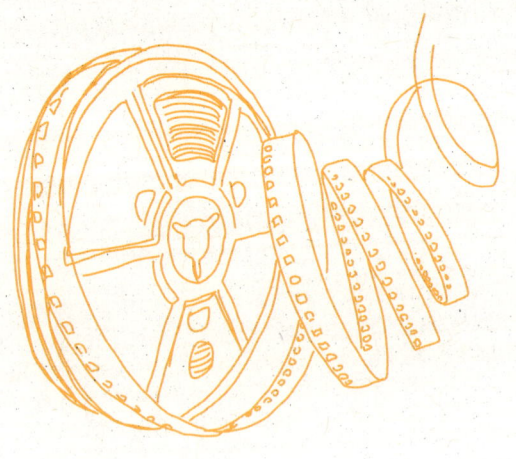

»SIND DENN HEUTE FANS der Serie *Friends* dabei?« Eine Gruppe Ladys mittleren Alters jauchzt. Der Pulitzer-Brunnen vor uns sieht verdächtig aus wie das Ding, um das sich die Freunde in der Kultserie scharen. Er ist es auch, bestätigt unser Guide George, nur wurde mit einer Replika gefilmt. Es tröstet uns, dass es das *Friends*-Apartment im West Village wirklich gibt, jedenfalls von außen. Und auch *Monk's* Café ist kein Schmu. Begierig drängen sich die Damen um das Tablet, auf dem George die passenden Szenenfotos bereithält. Wir haben ihn vor der Subway Station 59th Street getroffen und stehen auf der Grand Army Plaza. Hinter dem Brunnen ragt das Plaza Hotel 20 Stockwerke in die Höhe. Eine absolute Top-Location! Das Pad geht herum und zeigt Cary Grant, wie er ins Visier von Gangstern gerät. Richtig, ein Schnappschuss aus Hitchcocks *Der unsichtbare Dritte*. Und hier Macaulay Culkin als *Kevin – Allein in New York*. War der noch jung, als er sich mit Papas Kreditkarte hier einquartierte! Die Plaza Royal Suite, in der die Taubendame Obdach findet, kostet übrigens schlappe 15.000 Dollar die Nacht.

IM HERBSTLICHEN CENTRAL PARK übernimmt gerade George die Regie, bleibt ein ums andere Mal stehen und hilft unserem Gedächtnis auf die Sprünge. Der Wollman Rink: Da gingen doch John Cusack und Kate Beckinsale gemeinsam Schlittschuh laufen (*Weil es Dich gibt*). Das war Schicksal! The Mall: Dort brachte Ted Kramer seinem Sohn Billy das Fahrradfahren bei (*Kramer gegen Kramer*). Bethesda Fountain: Von dort kehrt Thor nach Asgard zurück, nachdem er die Erde gerettet hat. Und wie friedlich doch der See ruht, auf dem verliebte Pärchen am Bootshaus vorbeirudern. Hier wollte Mr. Big Carrie Bradshaw zum Lunch vernaschen (*Sex and the City*). Die weicht vor ihm zurück und plumps, so ein Malheur! Die schadenfrohe Runde zieht weiter. Rund 4 Kilometer, 120 Minuten und gefühlte 40 Kinofilme später enden wir vor der Tavern on the Green. Quasi zum Abspann lässt George schnell noch die Dämonenhunde von der Leine (*Ghostbusters*), dann liegen die Monster, Superhelden und Romantiker hinter uns. Schnitt und: Happy End.

WENN MAN SCHON MAL **HIER** IST:

... sollte man nach dem Erwandern der anderen markanten Punkte des Parks wie den **Strawberry Fields** oder dem **Belvedere Castle** einfach mal Pause machen und den Modellbootenthusiasten auf dem **Conservatory Water** zuschauen, seine Seele im **Conservatory Garden** ☐→ baumeln lassen oder sich in **Loeb's Bootshaus** einen Kaffee bzw. Drink gönnen (thecentralparkboathouse.com). Wer es aktiver mag, kann dort auch ein Ruderboot ausleihen.

WENN MAN SCHON MAL IN UPPER MANHATTAN IST

+++ SEHEN +++

+++ ESSEN +++

+++ AUSGEHEN +++

+++ SHOPPEN +++

+++ SCHLAFEN +++

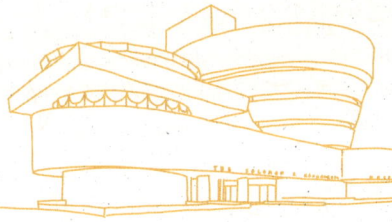

SOLOMON R. GUGGENHEIM MUSEUM (UES)

Allen Gebäuden der Museumsflotte Guggenheim ist eine aufregende Architektur gemein. Das Mutterschiff in New York hat die Form eines »Schneckenhauses«, entlang einer stufenlosen Wendeltreppe hängt die Kunst – gegenstandslose, abstrakte Bilder und Skulpturen, für die sich der Stifter und Kupfermillionär Solomon R. Guggenheim als einer der ersten Mäzene der Welt begeisterte.

+++ 1071 5TH AVENUE +++ U 86 ST/LEXINGTON AV +++ MO-MI, FR U. SO 10-17.45 UHR, DI MITTE JUNI-MITTE SEPT. BIS 21 UHR, SA 10-19.45 UHR, VON 17-19.45 UHR PAY-WHAT-YOU-WISH +++ $ 25, ERM. $ 18 +++ GUGGENHEIM.ORG +++

COOPER HEWITT NATIONAL DESIGN MUSEUM (UES)

In der einstigen Villa des Industriebarons Andrew Carnegie kann man nicht nur historisches und zeitgenössisches Design bestaunen, sondern dank der digitalen, interaktiven Technik auch selbst zum Designer werden. Die Sammlung der dekorativen Künste macht richtig Spaß. Entdecken Sie Ihr kreatives Potenzial!

+++ 2 EAST 91ST STREET/5TH AVENUE +++ U 86 ST +++ SO-FR 10-18 UHR, SA 10-21 UHR +++ $ 18, ERM. $ 12, STUDENTEN $ 9, ONLINE $ 2 GÜNSTIGER +++ AB 18 UHR PAY-WHAT-YOU-WISH +++ COOPERHEWITT.ORG +++

AMERICAN MUSEUM OF NATURAL HISTORY (UWS)

Auf vier Stockwerken und in 45 Ausstellungshallen wird die Naturgeschichte unseres Planeten behandelt: 4,6 Milliarden Jahre Weltgeschichte vom Big Bang bis zum Weltraumzeitalter. Neben Dinosauriern (ca. 30 vollständige Skelette), afrikanischen Säugetieren und Meeresbewohnern sind auch der größte Meteorit der Erde und der als »Stern von Indien« bekannte blaue Saphir zu sehen (563 Karat).

+++ CENTRAL PARK WEST/79TH STREET +++ U 81 ST/MUSEUM OF NATURAL HISTORY +++ TÄGL. 10-17.45 UHR +++ PAY-WHAT-YOU-WISH, ERWARTET WERDEN $ 23, ERM. $ 18, KINDER (BIS 12 J.) $ 13 +++ NÜTZLICHE APP UNTER AMNH.ORG +++

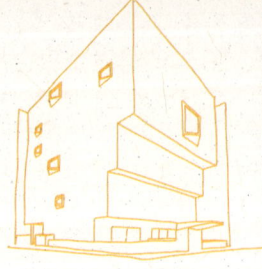

METROPOLITAN MUSEUM OF ART (THE MET) UND MET BREUER (UES)

Das Metropolitan Museum of Art gehört zu den größten Museen der Welt. Von den über 2 Millionen Ausstellungsstücken aus 5.000 Jahren Kunstgeschichte profitiert auch das Met Breuer. In dem markanten Granitgebäude des Bauhausmeisters Marcel Breuer wird die zeitgenössische Sammlung des Hauses in rein thematischen Ausstellungen präsentiert. Überschaubar und auf hohem Niveau!

+++ 945 MADISON AVENUE +++ U 77 ST +++ DI-DO U. SO 10-17.30 UHR, FR/SA BIS 21 UHR +++ EINTRITT MIT DEM TICKET FÜR DAS MET INNERHALB VON DREI TAGEN +++ METMUSEUM.ORG +++

NEW YORK HISTORICAL SOCIETY (UWS)

Das wenig bekannte, aber älteste Museum der Stadt zeigt historische Artefakte aus 400 Jahren amerikanischer Geschichte. Schwerpunkte sind Sklaverei und der Amerikanische Bürgerkrieg. Eine eigene Abteilung beleuchtet die historische Rolle der Frauen. Publikumsliebling ist die weltweit größte Sammlung von Tiffanylampen.

+++ 170 CENTRAL PARK WEST +++ U 82 ST/MUSEUM OF NATURAL HISTORY +++ DI-DO U. SA 10-18 UHR, FR 10-20 UHR, SO 11-17 UHR +++ $ 21, ERM. $ 16, STUDENTEN $ 13, KINDER (5-13 J.) $ 6, FR 18-20 UHR PAY-WHAT-YOU-WISH +++ NYHISTORY.ORG +++

TAVERN ON THE GREEN (CENTRAL PARK) □→

Aus jüngsten Krisen ging dieses Traditionsrestaurant, das 1934 eröffnet hat, gestärkt hervor. Die Ausstattung ist edel, der Service aufmerksam, die Speisen sind hochwertig und die Portionen groß. Probieren Sie die leckeren Eggs Benedict mit Hummer für 20 Dollar oder machen Sie im Biergarten direkt am Central Park einfach mal Pause!

+++ CENTRAL PARK WEST/67TH STREET +++ U 66 ST/ LINCOLN CTR +++ MO–FR 11–16 U. 17–23 UHR. SA/SO 9–16 U. 17–23 UHR +++ RESERVIERUNG EMPFOHLEN +++ TAVERNONTHEGREEN.COM +++

J.G. MELON (UES)

Hier werden erstklassige Burger und andere amerikanische Grillspezialitäten zubereitet. Die Soße ist seit der Eröffnung des Restaurants durch Jack and George 1972 ein Geheimrezept.

+++ 1291 THIRD AVENUE +++ U 77 ST +++ SO–DO 11.30– 3 UHR. FR/SA BIS 4 UHR +++ JGMELONNYC.COM +++

SAIGUETTE (UWS)

Die vietnamesischen Baguettes, bánh mì, sind ein Relikt aus der französischen Kolonialgeschichte. Die hier gehören zu den besten der Stadt und sind gigantisch. Zu empfehlen ist das Juicy Boneless Chicken-Thigh ($ 10.50).

+++ 935 COLUMBUS AVENUE +++ U 103 ST +++ TÄGL. 11.30–22.30 UHR +++ SAIGUETTE.COM +++

PEACEFOOD CAFÉ (UWS)

Das gemütliche Café-Restaurant lässt Veganerherzen höherschlagen. Hier gibt es alles fleischlos, von Süßkram wie Mini-Brownies bis Nudeln oder Dumplings.

+++ 460 AMSTERDAM AVENUE +++ U 79 ST +++ TÄGL. 10–22 UHR +++ PEACEFOODCAFE.COM +++

5

VANGUARD WINE BAR (UWS)

Eine Weinbar fast wie in Paris. Dieses gemütliche Lokal führt französische und amerikanische Tropfen zu mittleren Preisen. Die Speisen sind eher überteuert.

+++ 189 AMSTERDAM AVENUE +++ U 72 ST +++ MO-SA 17-2 UHR. SO 15-24 UHR +++ VANGUARD-NYC.COM +++

THE DEAD POET (UWS)

Porträts und Zitate von Dichtern schmücken die Wände dieses Irish Pubs, neben Bier, Wein und Cocktails mit Namen wie »Edgar Allen Poe« sorgt eine Jukebox für Stimmung – und wem Tacos, Burger oder Hähnchenschenkel zu mächtig sind, bekommt kostenfreies Popcorn.

+++ 450 AMSTERDAM AVENUE +++ U 79 ST +++ TÄGL. 12-4 UHR. HAPPY HOUR I. D. R. 12-20 UHR +++ THEDEADPOET.COM +++

+ + + + + + + + + + + + **SHOPPEN** + + + + + + + + + + + +

METROPOLITAN MUSEUM SHOP (UES)

Der Met Store ist eine Fundgrube für Kleinigkeiten, von Reproduktionen großer Meister über Schmuck und Accessoires bis hin zu Schreibwarenartikeln.

+++ 1000 5TH AVENUE +++ U 77 ST +++ SO-DO 10-17.15 UHR. FR/SA BIS 20.45 UHR +++ STORE.METMUSEUM.ORG +++

KITCHEN ARTS AND LETTERS (UES)

Ein Paradies für Köche! Neben den neuesten Kochbüchern aus aller Welt gibt es auch Bände über die Geschichte des Kochens oder kulinarische Romane.

+++ 1435 LEXINGTON AVENUE +++ U 96 ST +++ MO 13-18 UHR, DI-FR 10-18.30 UHR, SA 11-18 UHR (JULI U. AUG. GESCHL.), SO NUR IM DEZ. 12-16 UHR +++ KITCHENARTSANDLETTERS.COM +++

+ + + + + + + + + + + **SCHLAFEN** + + + + + + + + + + + +

THE BELNORD (UWS)

Wer unter 200 Dollar die Nacht in Uptown Manhattan wohnen möchte, der landet bei 2 Sternen. Dies ist eines der besten Budget Hotels des Viertels. Man wohnt in einem Art-déco-Haus nahe am Central Park und der Subway. Das Hotel ist sehr sauber, die Zimmer sind frisch und modern, allerdings extrem klein, jedoch mit eigenem Bad.

+++ 209 W 87TH STREET +++ U 86 ST +++ DZ AB $ 99 +++ BELNORD.COM +++

HI NEW YORK CITY (UWS)

Der Dinosaurier unter New Yorks Jugendherbergen. Hier finden Sie saubere Schlafsäle (Dorms), moderne Gemeinschaftsbäder sowie Gemeinschaftsräume. Bettwäsche und Handtücher sind inklusive, das Frühstück ist gut und günstig, und man kann kostenlos (!) an Führungen und Aktivitäten teilnehmen.

+++ 891 AMSTERDAM AVENUE +++ U 103 ST +++ BETT AB $ 45 +++ HINEWYORK.ORG +++

HARLEM HAT SICH schon oft neu erfunden. Bevor afroamerikanische Musiker und Intellektuelle in den 1920er-Jahren eine erste Renaissance auslösten, war es Wohngebiet jüdischer Einwanderer. Im 20. Jahrhundert verarmte Harlem zunehmend zum Problembezirk.

RIVERSIDE PARK ✕
178

180
COLUMBIA UNIVERSITY ✕
110 ST/
COLUMBIA
UNIVERSITY

CATHEDRAL PKWY/110 ST 🅤 179

DIE ZWEITE RENAISSANCE macht das Viertel seit Beginn des neuen Jahrtausends wieder zu einer heiß begehrten Adresse. Um sich auf Harlem einzulassen, sollte man eines der vielen Kulturangebote wahrnehmen, etwa im Apollo (siehe S. 172) oder dem National Black Theater (nationalblacktheatre.org).

CATHEDRAL OF
ST. JOHN THE DIVINE

DÄMONEN VERTREIBEN. ✕ U 163 ST
HERZEN ÖFFNEN

159 ST U

HENRY HUDSON PKWY

BROADWAY

W 145TH ST

AMSTERDAM AVE

W 135TH ST

125 ST U

SHOWTIME!
U ✕172
125 ST
STUDIO MUSEUM ✕
OF HARLEM

179 ✕ NATIONAL JAZZ MUSEUM

180
U 125 ST

MALCOLM X BLVD

125TH ST

HARLEM RIVER DR

U 116 ST

110 ST/
CATHEDRAL PKWY

E 116TH ST

MADISON AVE

PARK AVE

E 106TH ST

3RD AVE

2ND AVE

HARLEM-->

FDR DR

MANHATTAN

HARLEM

DÄMONEN VERTREIBEN, HERZEN ÖFFNEN

ZUM SONNTÄGLICHEN JAZZ-SALON BEI MARJORIE ELIOT

163 ST U

<--HARLEM

+ + + S T E C K B R I E F + + +
WO? 555 EDGECOMBE AVENUE, APARTMENT 3F
+++ U 163 ST/AMSTERDAM AV MIT LINIE C +++
WANN? SONNTAGS AB 15 UHR +++ WIE LANGE? CA.
3 STUNDEN +++ WIE VIEL? KOSTENLOS +++ WICH-
TIG! EINE SPENDE ($10) IST WILLKOMMEN! +++

ICH BIN BESORGT, dass wir vergeblich ins nördliche Harlem gefahren sind. Kann man wirklich einfach so zum Jazznachmittag in einer Privatwohnung erscheinen, ohne Einladung, ohne Reservierung? Vor dem stattlichen Beaux-Arts-Gebäude, in dem schon Count Basie residiert hat, steht ein Grüppchen Ratloser. Eine Reiseleiterin auf Jazztour schlägt uns die Tür vor der Nase zu. Nein, wir könnten uns nicht einfach anschließen, wir müssten schon von Frau Eliot persönlich eingelassen werden. Also trete ich zur Gegensprechanlage und drücke die 3 für Apartment 3F. Es erscheinen Namen, ich scrolle mit dem Pfeil zu »Eliot, Marjorie«, klingele und Simsalabim – der Buzzer summt. Wir sind drin im prächtigen Foyer. Der Fahrstuhl bringt uns in den dritten Stock, wo wir den Klängen von Klavier und Kontrabass bis zur Wohnungstür folgen. »Oh my God« – ist das voll und eng hier!

UM DIE 50 MUSIKLIEBHABER aller Altersgruppen, Nationen und Hautfarben quellen bis auf den Korridor hinaus. Mittendrin die Gastgeberin, ganz in Weiß gekleidet wie eine Lichtgestalt. Sie winkt freundlich und weist uns ein letztes freies Plätzchen im Flur zu. Ihre kleine 2-Zimmer-Wohnung ist bescheiden eingerichtet, ein paar Lichterketten um die Fensterrahmen, an den Wänden hängen mit Tesa befestigte Zeitungsausschnitte, im Wohnzimmer steht ein Klavier – sonst gibt es nichts als Klappstühle dicht an dicht. Marjorie ist eine zarte, dunkelhäutige Dame, die angeblich schon Klavier gespielt hat, bevor sie den Kindergarten besuchte. Wie lange das her ist, verrät sie mir nicht. Zu lange. Durch den Türrahmen habe ich ihren Sohn Rudel Drears im Blick, wie er leidenschaftlich in die Tasten greift. Aus ihrem treuen Gefolge sind wie so oft auch Koichi Yoshihara (»Koji«), der Trompeter aus Japan, und Sedric Choukroun dabei, der Saxophonist aus Paris, der einst ihr Schüler war. Dazu gesellt sich Gloria Anderson, eine junge Sängerin aus dem Viertel. Die Stimmung ist ausgelassen, es kommen Bossa Novas, Popsongs und Gassenhauer dran. Der ganze Raum singt schließlich zu Tyler James Williams' *Let It Shine* aus voller Kehle mit.

MARJORIE MACHT MUSIK, weil sie Musik liebt, vor allem Jazz. Sie macht aber auch Musik, um zu heilen. Als Mutter von fünf Söhnen hat sie zwei ihrer Jungs durch tragische Krankheiten verloren. Phil starb 1992 mit 32 Jahren an Nierenversagen, sein Bruder Michael 2006 mit 47 Jahren an Hirnhautentzündung. Phils Porträt steht auch heute wieder auf dem Klavier. Es war ein Sonntag, als er von ihr ging, sie hielt seine Hand. Seitdem möchte sie sonntags nicht mehr allein sein und vertreibt ihre Dämonen mit diesem musikalischen Salon. Sie nennt es ihre private Carnegie Hall, in der sie diesen für sie so schwierigen Tag in ein Geschenk an alle verwandelt, die Zeit und Lust haben, gemeinschaftlich zu musizieren oder zuzuhören. Sie macht das seit mehr als 25 Jahren, 52-mal im Jahr, ohne Unterbrechung, ohne je krank geworden zu sein, ohne je in den Urlaub zu fahren. Den könnte sie sich ohnehin nicht leisten. Es ist fast wie in den goldenen Zeiten Harlems, Count Basie wäre stolz auf Marjorie Eliot. Mögen ihr und uns noch viele solcher Jazzsonntage vergönnt sein.

WENN MAN SCHON MAL HIER IST:

Ein Bummel durch den **St. Nicholas Park** führt zum **Hamilton Grange National Memorial**, dem einstigen Zuhause eines der Gründerväter der Vereinigten Staaten; sein Porträt ist auf dem 10-Dollar-Schein zu sehen (Mi–So 10–16 Uhr, Besucherzentrum 9–17 Uhr, 414 W 141st Street, nps.gov/hagr). Mit der Subway Linie A erreichen Sie ab 190th Street in 20 Minuten **The Cloisters**, die Mittelalterabteilung des **Metropolitan Museum of Art** □→ (metmuseum.org/visit/met-cloisters).

SHOWTIME!

ZUR AMATEUR NIGHT
INS APOLLO

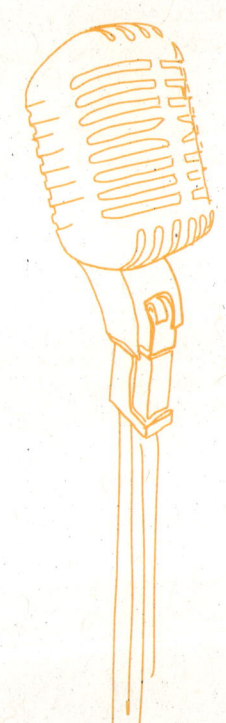

HARLEM-->   125 ST

+ + + S T E C K B R I E F + + +

WO? 253 WEST 125TH STREET +++ U 125 ST MIT
LINIEN A, B, C UND D +++ WANN? ENDE JANUAR
BIS ENDE OKTOBER MITTWOCHS UM 19.30 UHR
+++ WIE VIEL? $ 35 +++ APOLLOTHEATER.ORG/
AMATEUR-NIGHT +++

» IT'S SHOWTIME AT THE APOLLO « –

mit dieser Begrüßungsfloskel haben mehr als 80 Jahre lang unendlich viele Weltkarrieren begonnen. Vielleicht passiert das auch diesmal? Vielleicht wird ja am heutigen Abend ein neuer Star wie Ella Fitzgerald, Diana Ross oder Billie Holiday geboren oder ein neuer Stevie Wonder, James Brown oder gar Michael Jackson entdeckt? Sie alle standen einst als No-Names auf dieser Bühne, genau wie die stimm- und tanzgewaltigen Kandidaten, die heute auf ihren Durchbruch hoffen. Die Apollo Amateur Night ist sozusagen die Mutter aller Talentshows, *das* Original und Vorbild für Sendungen wie *Deutschland sucht den Superstar* oder *The Voice of Germany*. Nur dass es hier keine prominent besetzte Jury gibt, sondern die Macht beim so fachkundigen wie leidenschaftlichen Publikum im Saal liegt. Wer den lautesten Applaus einheimst, hat gewonnen.

D I E   M E N G E . überwiegend »People of Colour«, drängt unter den Murano-Lüstern der Vorhalle in Richtung Theatersaal, wo DJ Jess bereits die Stimmung anheizt. Wir sitzen ganz dicht an der Bühne, auf der eine Art Baumstamm steht. Der »Tree of Hope« gilt als Glücksbringer, jeder Kandidat wird ihn vor seinem Act ehrfürchtig berühren. Die eigentliche Show beginnt mit dem Auftritt von Derrick »Capone« Lee. Der Moderator, dank seiner Drogen- und Knastkarriere auch als »Gangster of Comedy« bekannt, ist so redegewandt und spritzig, dass ihm die Leute augenblicklich an den Lippen hängen und zu Füßen liegen. Spöttisch weist er Zwischenrufer zurecht, lässt die Scheinwerfer auf Zuspätkommende richten und tritt in einen schlagfertigen Dialog mit den Zuschauern. Die Darbietungen dreier junger Mädchen eröffnen den Reigen der Newcomer. Bei den Kids darf das Publikum nur anfeuern, nicht buhen. Die Erwachsenen müssen im Zweifel mit lautstarker Ablehnung rechnen. Immer dann stepptänzelt der »Executioner« (Henker) CP Lacey ins Bild und beendet die Tortur für die Ohren. »Be good or be gone« (»Sei gut, oder du bist weg vom Fenster!«) ist schließlich das erklärte Motto dieses Abends.

HEUTE IST ENDAUSSCHEIDUNG, deshalb wird auch live gestreamt, und keines unserer Talente ereilt dieses grausame Schicksal: Die schwachen Performer sind längst »gone«. Wir erleben einen Michael-Jackson-Verschnitt, einen Tänzer, der Knochen aus Gummi zu haben scheint und sie in sämtliche Richtungen zu drehen vermag, und viele hervorragende Soulstimmen. Die Gunst des Publikums fliegt am Ende Monica Selbey aus Atlanta in Georgia zu. Sie hatte *If You Wanna Love Me* von *Hodges, James & Smith* mit solcher Hingabe zum Besten gegeben, dass der Pegel des Applausometers am weitesten ausschlug. Das Online-Publikum rettet den einzigen weißen Künstler vor dem Ausscheiden auf den virtuellen Gnadenplatz 4. Er hatte die Voter mit Bonnie Raitts Hit *I Can't Make You Love Me* überzeugt.

Wir gehen beschwingt nach Hause und haben Comedy erlebt, in der Pause mit völlig Unbekannten wild auf der Bühne getanzt und jeden einzelnen Künstler für sein Talent gefeiert. Was für ein beglückender Abend!

WENN MAN SCHON MAL HIER IST:

Zur größten anglikanischen Kirche der Welt, **St. John the Divine** (siehe S. 179) □→, ist es ein 20-minütiger Fußmarsch durch den felsigen, aber wunderschönen **Morningside Park** mit Brunnen, Wasserfall und Picknickbänken. Bei **Red Rooster** gleich um die Ecke (des Apollo) sollten Sie die Südstaatenküche bei Livemusik verkosten (siehe S. 181) und abends einen der Jazzclubs wie das **Paris Blues** (siehe S. 182) besuchen.

WENN MAN SCHON MAL IN HARLEM IST

+++ SEHEN +++

+++ ESSEN +++

+++ AUSGEHEN +++

+++ SHOPPEN +++

+++ SCHLAFEN +++

ORDER HERE

RIVERSIDE PARK

In diesem Park nach englischem Vorbild, einem 6 Kilometer langen, schmalen Streifen entlang des Hudson und des Henry Hudson Highways, sind fast nur Einheimische unterwegs. Über den Straßenlärm trösten kleine Ruheinseln hinweg, die mit Kunst gefüllt sind. Der Wald zwischen 116. und 124. Straße ist ein Vogelschutzgebiet, in dem jedes Jahr mehr als 100 Arten gesichtet werden, darunter Drosseln, Grasmücken und Wanderfalken. Die nisten auch im neogotischen Turm der Riverside Church, dem höchsten Kirchturm des Landes an der 120. Straße.

+++ 72ND BIS 158TH STREET +++ U 116 ST/ COLUMBIA UNIVERSITY +++ INFORMATIONEN ZUM PARK UND DEM FESTIVAL SUMMER ON THE HUDSON UNTER RIVERSIDEPARKNYC.ORG +++ RIVERSIDE CHURCH 490 RIVERSIDE DRIVE +++ TRCNYC.ORG +++

CATHEDRAL OF ST. JOHN THE DIVINE

Das Gotteshaus, in dem die Welt vom großartigen Jazzmusiker Duke Ellington Abschied nahm, ist die größte anglikanische Kirche der Welt (im Ausland »Episcopal Church« genannt). Am 27. Dezember 1892, dem Tag des heiligen Johannes, wurde der Grundstein gelegt, bis heute gilt sie als nicht ganz fertig. Die Kirche ist unglaublich verspielt und birgt manche Überraschung, etwa das vergoldete Bronzetriptychon von Keith Haring.

+++ 1047 AMSTERDAM AVENUE +++ U CATHEDRAL PKWY/110 ST +++ MO-SA 9-17 UHR. SO 13-15 UHR +++ $ 10. ERM. 8 +++ STJOHNDIVINE.ORG +++

NATIONAL JAZZ MUSEUM

Das 1997 von dem Jazzmusiker Leonard Garment gegründete Museum gehört zum Smithsonian Institute und hat nur einen Ausstellungsraum. Vor allem die vielen Hörproben sind Raritäten. Man sollte zu einer Veranstaltung kommen, dann lohnt sich der Besuch für jeden.

+++ 58 W 129TH STREET +++ U 125 ST +++ DO-MO 11-17 UHR +++ SPENDE $ 10 +++ JAZZMUSEUMINHARLEM.ORG +++

←□

COLUMBIA UNIVERSITY

Sich unter die Ivy-League-Studenten der ältesten Universität New Yorks zu mischen, ist ein architektonisches und kulturelles Vergnügen. Der Campus im Bezirk Morningside Heights wurde von den Architekten der bekannten Firma McKim, Mead & White gestaltet. Im öffentlichen Raum finden sich viele Skulpturen, u. a. ein Abguss von Rodins *Denker*.

+++ 116TH STREET/BROADWAY +++ U CATHEDRAL PKWY/110 ST +++ COLUMBIA.EDU +++

STUDIO MUSEUM OF HARLEM

Dieses Museum bietet Künstlern mit afrikanischen Wurzeln einen kulturellen und sozialen Treffpunkt. Die dankten es der Museumsleitung mit einer Versteigerung ihrer Werke, um einen Museumsneubau mitzufinanzieren. Damit dürfte auch der nächsten Generation afroamerikanischer Kreativer in Harlem eine Öffentlichkeit sicher sein.

+++ 144 WEST 125TH STREET +++ U 125 ST +++ WICHTIG! WÄHREND DER BAUTÄTIGKEITEN FINDEN AUSSTELLUNGEN UND VERANSTALTUNGEN IM STUDIO MUSEUM 127 STATT: 429 WEST 127TH STREET +++ DO–SO 12–18 UHR +++ WEITERE INFORMATIONEN: STUDIOMUSEUM.ORG +++

BELLE HARLEM

Es gibt nur 12 Plätze, man sitzt halb in der Küche und kann zugucken, wie der Chef die Südstaaten-Gerichte zubereitet, die in einer gehobenen Variante auf die Teller kommen (Small Plates $ 22–24, Large Plates $ 42–48).

+++ 2363 ADAM CLAYTON POWELL BOULEVARD, STORE 4 +++ U 135 ST +++ DI-SO 18-22 UHR, FR/SA BIS 23 UHR +++ BELLEHARLEM.COM +++

RED ROOSTER □→

Auch die Südstaatenküche des Red Rooster – u. a. Hühnchen und Waffeln in Kombination – hat viele Freunde. In Ginny's Supper Club im Keller spielen zum Essen Jazzbands live.

+++ 310 LENOX AVENUE +++ U 125 ST +++ MO-DO 11.30-22.30 UHR, FR/SA BIS 23.30 UHR, SO 10-22 UHR +++ REDROOSTERHARLEM.COM +++

HARLEM SHAKE

Das Diner versetzt seine Gäste in die nostalgischen 1950er-Jahre. Es gibt typische Fast-Food-Gerichte und scharf gewürzte Jerk Fries zu kleinem Preis. Die Milkshakes sind perfekt.

+++ 100 WEST 124TH STREET +++ U 125 ST +++ 8-23 UHR, FR/SA BIS 2 UHR +++ HARLEMSHAKENYC.COM +++

THE HUNGARIAN PASTRY SHOP

Dieser Laden kommt seit Jahrzehnten an – nicht nur bei Studenten der nahen Columbia University. Das Erfolgsgeheimnis: eine kleine Terrasse, Holztische und frisch gebackene Dobas-Torten (= ungarische Schicht-torte), Strudel und Baklavas nach Omas Rezept.

+++ 1030 AMSTERDAM AVENUE +++ U CATHEDRAL PKWY/110TH ST +++ MO-FR 7.30-23.30 UHR, SA 8.30-23.30 UHR, SO BIS 22.30 UHR +++ FACEBOOK.COM/HUNGARIANPASTRYSHOPNYC +++

6

PARIS BLUES

Hochglanz darf man nicht erwarten, aber in Harlems ältester Jazzbar wird jeden Abend Livemusik gespielt. Wenn die Band gerade nicht jammt, tut es die Jukebox.

+++ 2021 7TH AVENUE +++ U 125 ST +++ TÄGL. 12–3 UHR +++ PARISBLUESHARLEM.WEBS.COM +++

MESS HALL

Diese Bar bedient Klischees aufs Schönste: langer Tresen, Hirschköpfe an der Wand, zum Craft Beer gibt es Hotdogs, und donnerstags legen DJs auf.

+++ 2194 FREDERICK DOUGLASS BOULEVARD +++ U 116 ST +++ MO–DO 16–2 UHR. FR/SA BIS 4 UHR +++ HAPPY HOUR 16–20 UHR +++ MESSHALLHARLEM.COM +++

MALCOLM SHABAZZ HARLEM MARKET

Wer sich mit afrikanischer Kleidung, Schmuck und Trommeln ausstatten möchte, findet hier viel Hand-gemachtes.

+++ 52 W 116TH STREET +++ U 116 ST +++ TÄGL. 10–20 UHR +++ FACEBOOK.COM/MALCOLMSHABAZZHARLEM +++

HARLEM UNDERGROUND

Die T-Shirts mit Harlem-Motiven sind einzigartig, es werden auch Jacken, Hoodies und Basecaps verkauft. Nicht billig, aber originell.

+++ ZWEI GESCHÄFTE +++ 20 E 125 STREET UND 2119 FREDERICK DOUGLASS BOULEVARD +++ U 125 ST UND CATHEDRAL PKWY/110 ST +++ MO 13-19 UHR, DI-DO 12-19 UHR, FR/SA 12-20 UHR, SO 13-18 UHR +++ SHOP.HARLEMUNDERGROUND.COM +++

+ + + + + + + + + + + **SCHLAFEN** + + + + + + + + + + + +

WEST 119TH B&B

Das Stadthaus liegt mitten in Harlem am denkmalgeschützten Mount Morris Park. Die drei sauberen, großen Zimmer bzw. Apartments sind für 2 bis 5 Personen geeignet. Der Gastgeber William ist hilfsbereit und freundlich, der Service exzellent. Man kann eine Terrasse und den Garten mitnutzen. Frühstück bekommt man nebenan im Café Latte.

+++ 115 W 119TH STREET +++ U 116 ST +++ DZ AB $ 155 +++ WEST119THBB.COM +++

YMCA HARLEM

Die preislich unschlagbare – und damit wenig luxuriöse – Alternative zu Hotel oder B&B. Die Zimmer in diesem Sporthostel sind winzig und haben Doppelstockbetten, die Duschen und Toiletten befinden sich auf den Fluren. Dafür hat jedes Zimmer einen Fernseher und einen Kühlschrank. Die Subway erreicht man in wenigen Minuten.

+++ 180 WEST 135TH STREET +++ U 135 ST +++ EZ AB $ 84, DZ AB $ 74 +++ YMCANYC.ORG/ LOCATIONS/HARLEM-YMCA +++ WICHTIG! ES WERDEN $ 10 »MEMBERSHIP FEE« FÜR DIE NUTZUNG DES POOLS UND DER SPORTANLAGEN BERECHNET! +++

7

BROOKLYN

+ + + ERLEBEN + + +

GREEN-
POINT

WILLIAMS-
BURG

BROOKLYN QUEENS EXPY

200 ✗
**THE WOODSTOCK
OF EATING**

BROOKLYN BRIDGE UND   211
BROOKLYN BRIDGE PARK ✗

ZUGÄNGLICHE MEISTERWERKE

✗196

DER SCHWIMMENDE KONZERTSAAL

BROOKLYN
HEIGHTS

211
✗

PIONEER WORKS

✗
212

FLATBUSH AVE.

BROOKLYN
NAVY YARD

212
> ✗

210 ✗

BROOKLYN MUSEUM

SUNSET PARK

GOWANUS EXPY

188
✗
TWILIGHT ZONE

PROSPECT PARK

BELT PKWY

GOWANUS EXPY

OCEAN PKWY

FLATBUSH AVE.

KINGS HWY

NOSTALGISCHE ZEITREISE ✗ 204
IN DIE 1920ER-JAHRE   CONEY ISLAND

SELBST WENN BROOKLYN kein Teil von New York wäre, würden Millionen Touristen diesen Ort als eigenständiges Reiseziel wählen. Der Bezirk hat Kulturinstitutionen auf Weltklasseniveau und ist in vielen Kreativbereichen ganz weit vorne, sei es in Musik, Mode oder Gastronomie. In Brooklyn lebt der größte Teil der Bevölkerung New Yorks, die 40 verschiedenen Viertel haben ihren ureigenen Charakter. Zu den beliebtesten zählen Brooklyn Heights und Dumbo, Williamsburg und Bushwick, Red Hook und Fort Greene sowie Coney Island.

ANTIC AVE

LINDEN BLVD

BELT PKWY

BROOKLYN-->

MANHATTAN

TWILIGHT ZONE

EINE FÜHRUNG ÜBER DEN GREEN-WOOD CEMETERY IN DER DÄMMERUNG

<--BROOKLYN

+ + + S T E C K B R I E F + + +
WO? HAUPTEINGANG 500 25TH STREET/5TH AVENUE
+++ U 25 ST MIT LINIE R +++ WANN? MEHRMALS
IM MONAT UM 19 UHR +++ WIE VIEL? $ 25 +++
GREEN-WOOD.COM/CALENDAR +++

WO VIELE reiche und eitle Menschen ihre letzte Ruhe finden, versuchen sie sich noch im Tode gegenseitig zu übertrumpfen. Das macht den 1838 eröffneten Green-Wood Cemetery zu einem lohnenden Ziel für Reisende. Schon Mitte des 19. Jahrhunderts sollen jedes Jahr eine halbe Million Ausflügler gekommen sein, Platz zwei nach den Niagarafällen! Damals hatte man eben eine andere Einstellung zum Tod und glaubte noch fest an Auferstehung und Erlösung. Davon zeugt auch die Inschrift auf den 32 Meter hohen, neugotischen Eingangstoren, unter denen James unsere Gruppe zu Beginn der Twilight Tour versammelt. »Weine nicht« steht dort zu lesen. Die mehr als hundert Interessierten, die heute gekommen sind, wollen sich ohnehin lieber fürchten. Dafür hat eine Reportage im Lokalfernsehen gesorgt. Das Morbide hat offenbar Hochkonjunktur.

GEISTER ODER VAMPIRE brauche er keine, beteuert James, denn was vielen hier Bestatteten im Leben passiert sei, ist gruselig genug. Rund 600.000 Menschen liegen über 193 Hektar Parklandschaft verteilt. Welch düsteren Geheimnisse diese Generäle und Großbankiers, Millionäre und Mafiosi auch mit ins Grab genommen haben mögen – James hat sie ausgebuddelt und füllt sie mit neuem Leben. Wir erfahren vom Mord an einem Zigarren-Model, das Edgar Allan Poe für seine Novelle *The Mystery of Marie Rogêt* nutzte. Wir bestaunen das Tabernakel von Charlotte Canda, deren Eltern ein Märchenschloss aus Marmor für sie bauen ließen. Wir sehen ägyptische Pyramiden und Obelisken, deren einst vergoldete Spitzen den Glanz der Sonne widerspiegelten. Und wir begehen Katakomben, die aus Angst davor erfunden wurden, lebendig begraben zu werden. Hat nicht Quentin Tarantino diesen Albtraum in *Kill Bill* in Szene gesetzt, als Uma Thurman in einem Sarg erwacht und sich nur knapp vor dem Erstickungstod retten kann? Horror! Deshalb, so James, hätten früher viele Kisten Totenglöckchen gehabt, mit der wiedererwachte Scheintote auf sich aufmerksam machen konnten.

ALS WIR WIEDER IM FREIEN STEHEN, werfen die imposanten Bäume lange Schatten, und in der Ferne beginnt die Skyline von Lower Manhattan zu funkeln. Vom Battle Plateau aus, einem Bürgerkriegsdenkmal, kann ich im Dunst vage die Freiheitsstatue ausmachen. Der Weg schlängelt sich an einer Marmorbank vorbei, die von Rhododendren und Buchsbaumbüschen flankiert wird. Die Inschriften auf den flachen Grabsteinen sind gerade noch so zu entziffern: Felicia, Shirley und Leonard Bernstein. Ehefrau, Schwester und der berühmteste Komponist und Dirigent Amerikas selbst (*West Side Story*) ruhen hier, samt Partitur von Mahlers *5. Symphonie*, Bernsteins Lieblingsstück. Dieses meistbesuchte ist auch eines der schlichtesten Gräber auf dem Green-Wood Cemetery. Der, stelle ich zufrieden fest, hat sich mit seinen ruhig daliegenden Seen, uraltem Baumbestand, grandiosen Ausblicken und der herrlichen Architektur dem Pariser Vorbild Père Lachaise als würdig erwiesen – und offenbart sich heute als eine der bezauberndsten Freiluftsammlungen von Statuen und Mausoleen des Landes.

WENN MAN SCHON MAL HIER IST: Hat man Lust auf mehr Natur, ist der **Prospect Park** nicht weit entfernt (siehe S. 212), wo im Sommer sonntags der **Smorgasburg Food Market** ⟶ stattfindet (siehe S. 200–203). Urbaner geht es in der **Industry City** zu, einer Neubebauung des alten Bush Terminals im Bezirk **Sunset Park**. Hier erfüllen die **Food Hall** und das **Japanische Dorf** kulinarische Wünsche, Designerläden und Galerien laden zum Bummel ein (industrycity.com).

ZUGÄNGLICHE
MEISTERWERKE

EINE STREET-ART-TOUR
DURCH BUSHWICK

<--BROOKLYN

+ + + S T E C K B R I E F + + +
WO? WYCKOFF AVENUE, TROUTMAN STREET, JEF-
FERSON STREET UND NICHOLAS AVENUE +++
U JEFFERSON ST MIT LINIE L +++ WANN?
SOLANGE ES HELL IST ... +++ WIE VIEL? KOS-
TENLOS +++ WICHTIG! DIE BILDER WERDEN JE-
DES JAHR ÜBERSPRÜHT. MAN SIEHT ALSO IM-
MER WIEDER NEUES. ORGANISIERTE FÜHRUNGEN:
FREETOURSBYFOOT.COM/NEW-YORK-GRAFFITI-
STREET-ART-TOURS +++

»THE COOLEST PLACE ON PLANET«

schrieb die New York Times kürzlich über Bushwick. Das Lob geht an die hippe Kreativszene, die sich hier austoben darf. Die Subway Linie L bringt mich mitten hinein in eine der größten Freiluftgalerien der Stadt. Mein erster Eindruck? Die Gegend ist im Vergleich zu Dumbo oder Williamsburg noch deutlich unterentwickelt, was Boutiquen und Szenegastronomie angeht. Dafür ist wirklich fast jede Wand der sonst eher trostlosen Industriegebäude mit knallbunter Street-Art verschönert. Okay, ja, die gibt es überall im Big Apple, aber nirgendwo sonst trifft man so geballt auf diese Kunstform wie in den paar Straßenzügen hier. Bevor ich loslege, kehre ich erst einmal ein in das Café mit dem comicartigen Schriftzug »Good Morning Brooklyn« über der Tür.

BEIM ESPRESSO beobachte ich eine Schulklasse, die vor dem realistischen Porträt eines Schwarzen mit Kussmund stehen bleibt. Der Lehrer erklärt etwas. Vielleicht die verschiedenen Trends, die sich von Stickern über Schablonen bis zur Sprühtechnik von ganzen Wandmalereien entwickelt haben. Möglicherweise kennt er auch Sipros aus Brasilien, den Künstler, der nur Karikaturen und Gesichter wie dieses sprayt? Mein Blick schweift weiter zum inoffiziellen Maskottchen Brooklyns: einem Hund, der flächendeckend auf einer Hausfassade sitzt. Die kleinen Fenster werden zu der blaugeränderten Brille auf seiner faltigen Bulldoggenschnauze. Signed by: Ubiera Gonzales aus der Dominikanischen Republik, der für seinen neo-figurativen Stil gefeiert wird. Sein Landsmann Jeff Hendriquez hat ein Haus weiter einen wunderschönen Fisch gezaubert, dessen filigrane grüne Flossen vor einem schwarzen Hintergrund schweben. Provokant dagegen das politische Statement von Mr. Nerds: Er hat zwei Köpfe gesprayt, die Donald Trump in unterschiedlichen Stadien der Verwesung zeigen. In der Sprechblase steht: »Till death do us part« (»Bis dass der Tod uns scheidet«). Klick, klick, klick, ein Fotomotiv jagt das nächste.

ICH KANN MICH KAUM SATTSEHEN an den Motiven der Bushwick Collective. Genauso hatte ich es mir vorgestellt, eines neben dem anderen, eines witziger und kunstvoller als das nächste. Wie gut, dass die Graffiti, die Ende der 60er-Jahre in New York erfunden und in Form von »Tags« illegal an jeden Subwaywagen oder Zaun geschmiert wurden, solchen beeindruckenden Kreationen gewichen sind. Hier in Bushwick läuft alles legal ab, seit Joe Ficalora 2012 das erste Graffito in Auftrag gab. Nach dem tragischen Verlust beider Eltern wollte der Italoamerikaner seine Umgebung umgestalten, da ihn alles an sie erinnerte. Er lud bekannte Straßenkünstler aus aller Welt ein, die mit Erlaubnis der Eigentümer die kahlen Wände besprühten. »The Bushwick Collective« war geboren. Vandalismus oder Kunst? Das liegt bis heute im Auge des Betrachters. Wenn aber selbst Sotheby's Street-Art für eine der wichtigsten Kunstbewegungen seit dem Punk hält, darf man sie getrost als Sammlung zugänglicher Meisterwerke bezeichnen – und diesen Spaziergang als kostenlosen Museumsrundgang in Urban Art.

7

WENN MAN SCHON MAL HIER IST:

Die **Kings County Brewers Collective** schenkt eigenes Hopfenbräu aus (381 Troutman Street, Mo–Fr ab 17 Uhr, Sa/So ab 12 Uhr, kcbcbeer.com). Die beste Pizza des Viertels gibt es bei **Roberta's** □→ (261 Moore Street, robertaspizza.com). Im **Syndicate** können Sie einen Retro- bzw. Indiefilm für wenig Geld sehen und sich währenddessen aus Bar oder Restaurant was Leckeres bestellen: Tickets $ 4, Premieren $ 7 (40 Bogart Street, syndicatedbk.com).

DER SCHWIMMENDE KONZERTSAAL

DIE KAMMERMUSIK
AUF DEM KOHLEFRACHTER

<--BROOKLYN

+ + + S T E C K B R I E F + + +

WO? BROOKLYN BRIDGE PARK PIER 1. OLD FULTON
STREET/FURMAN STREET +++ U HIGH ST/BROOKLYN
BRIDGE MIT LINIEN A. C. F ODER DER FÄHRE +++
WANN?)MUSIC IN MOTION(SAMSTAGS UM 16 UHR.
BARGEMUSIC.ORG +++ WIE LANGE? 1 STUNDE +++
WIE VIEL? KOSTENLOS! +++ WICHTIG! ES GIBT
KEIN WC AN BORD! +++

KOSTENLOS. FAMILIENFREUNDLICH

WIESO EIGENTLICH habe ich diesen Kahn vorher nie wahrgenommen? Vielleicht, weil sich alle Blicke automatisch auf die Brooklyn Bridge heften, in deren unmittelbarer Nähe die ehemalige Kohlebarkasse vertäut liegt? Vielleicht, weil ständig moderne Fähren über den East River schippern und pausenlos Menschentrauben ausspucken? Wenn sie wenig später wieder ablegen, tutet das Schiff dreimal kurz. »Das klingt dann wie das A-Dur eines nicht sehr guten französischen Horns«, lacht Mark Peskanov und legt seine Geige in den Schoß. Er ist der Direktor und Meisterviolinist von Bargemusic, und das Tuten stört ihn nicht. Im Gegenteil, er ist gerne ein Teil der Renaissance dieses Uferabschnittes und freut sich über jeden, der eine Stunde abzwackt für die Kammermusik auf seinem schwimmenden Konzertsaal.

Musikfreunde gekommen, um der Darbietung im kleinen Kreis zu lauschen. Heute werden Bach, Händel und Schubert gespielt. Was denn Bach und Händel gemeinsam hätten, will Mark von uns wissen. Außer dass die beiden Deutsche waren. »Sie starben an einer Augenoperation durch denselben Quacksalber«, überrascht er uns mit der Antwort, greift zu seinem Instrument und die Pianistin Maureen Volk in die Tasten. Virtuos spielen sie das letzte Kammermusikstück, das Bach im Alter von 65 Jahren kurz vor seinem Tod durch den ärztlichen Kunstfehler komponierte: die *Sonate No. 4.* Hinter der riesigen Fensterfront beginnt die Skyline von Lower Manhattan wild zu tänzeln. Die Fähre hat nicht nur getutet, sie schlägt auch Wellen, die uns kräftig schaukeln. Während wir verspielten Sonatinen Schuberts lauschen, lässt sich auf dem Pier ein Hochzeitspaar fotografieren. Die beiden Neuvermählten sind noch immer am Lächeln, als Schuberts *Rondo brilliant* für Violine und Klavier ertönt. Ich wünschte, auch die Leute da draußen könnten diese majestätische Musik hören und die Magie spüren, die sie der romantischen Szene vor gigantischer Kulisse verleiht.

SCHÖN WAR die Kulisse hier nicht immer. Als Bargemusic vor mehr als 40 Jahren eröffnete, war die Brooklyn Waterfront noch eine heruntergekommene Gegend, wo Warenhäuser leer standen und Anlegestellen verfielen. Die Violinistin Olga Bloom hatte von ihrem Witwengeld das verfallene Schiff gekauft und ließ es zu dieser kleinen Kulturstätte umbauen. Erst viel später entstand drum herum der Brooklyn Bridge Park und wurde zu einer beliebten Attraktion für Einheimische und Besucher. Es gleicht fast einem Wunder, dass sich inmitten der neuen Hotels, Restaurants, Eis und Hummerbuden, Sportplätze, Karussells und begrünten Spazierwege ein Pionier althergebrachter Unterhaltung behauptet hat. Gerade erst konnte Mark Peskanov die Pacht für den Liegeplatz des Kahns um 20 Jahre verlängern. Er wird also auch in absehbarer Zukunft ein Dinosaurier unter den vielen Newcomern bleiben und am Samstagnachmittag allen, die einen besinnlichen Moment zu genießen wissen, ein Refugium bieten. Was für ein kleines Juwel das doch ist!

WENN MAN SCHON MAL HIER IST:

Alle Welt strömt in den **Brooklyn Bridge Park** ⬜→, um die Kulisse Manhattans zu erleben. Auf die sehr schöne **Brooklyn Heights Promenade** verirrt sich kaum jemand mehr. In einem der hübschesten Straßenblöcke können Sie in **Alice's Tea Cup** (43 Hicks Street, alicesteacup.com) wie im Wunderland einkehren. Später am Abend empfiehlt sich **Floyd** (131 Atlantic Avenue, floydny.com): für einen Drink und eine Runde Boccia. Oder man besucht eine coole Theater-/Musikperformance in St. Ann's Warehouse (stannswarehouse.org).

7

THE WOODSTOCK OF EATING

EIN NACHMITTAG AUF DEM SMORGASBURG MARKET

<--BROOKLYN

+ + + S T E C K B R I E F + + +

WO UND WANN? APRIL-OKTOBER SAMSTAGS 11-18 UHR IM EAST RIVER PARK. 90 KENT AVENUE/N 7TH STREET +++ U BEDFORD AV MIT LINIE L ODER FÄHRE +++ SONNTAGS 11-18 UHR IM PROSPECT PARK. BREEZE HILL. EAST DRIVE/LINCOLN ROAD +++ U PROSPECT PARK MIT LINIEN B UND Q +++ NOVEMBER-MÄRZ SAMSTAGS 11-20 UHR UND SONNTAGS 11-17 UHR IM ATLANTIC CENTER. 625 ATLANTIC AVENUE +++ U ATLANTIC AV/BARCLAYS CTR MIT LINIEN D. N. R. LIRR +++ SMORGASBURG.COM +++

200 KOSTENLOS. FAMILIENFREUNDLICH

WIR SEHEN DEN DICKEN QUALM

schon aus weiter Ferne, er weist uns wie Rauchzeichen den Weg zu scharf gegrillten Rippchen, Hot Dogs und hochgestapelten Burgern. »Viel Zucker, viel Fett und viel Fleisch« lautet das Mantra der amerikanischen Küche, kaum ein anderes Volk ernährt sich ebenso leidenschaftlich von Fast Food wie dieses. Doch halt! Wir sind auch im Land des »anything goes«. Das berühmteste kulinarische Event der Stadt tritt jede Woche den Beweis dafür an. Hier, auf dem Smorgasburg Market, ist das Fast Food beherzt in Richtung Street Food abgebogen – mit einer kräftigen Prise Experimentierfreude. Beim »Woodstock des Essens«, wie die New York Times die Veranstaltung nannte, werden Weltküchen fusioniert und Gerichte gekreuzt (»Hybrids«). Der Cronut, der Bragel und der Ramen-Burger gingen von hier aus auf Siegeszug rund um die Welt.

DAS HAT SICH HERUMGESPROCHEN.

und längst kommt nicht mehr Biedermann zum Futtern – hippe, junge und trendige Menschen finden sich zum Schlemmen ein. Sie sind genau wie wir auf neue Gaumenkitzel aus, egal, wie skurril sie auch klingen mögen. Nicht ganz 100 mehr oder weniger provisorische Verkaufsstände buhlen um unsere Gunst. Den »Big Mozz« soll ich unbedingt probieren, hat man mir geraten. Ach du Schreck, ich stelle mich doch nicht eine halbe Stunde für frittierte Mozzarella-Spieße in die Schlange! Wir lassen uns erst einmal treiben, vorbei an glänzenden Peking-Enten, bolivianischen Sliders (kleine Hamburger), chinesischen Sandwiches, Gemüse-Tortillas und Dumplings, gegrillten Hummern und ganzen Fischen vom Rost. Es gibt vegane Varianten, Wasser in kompostierbaren grünen Flaschen und glutenfreie Arepas, was kolumbianische Maisfladen sind. Die Zugkraft der Hybriden und meine Neugier auf sie sind schließlich stärker als alle Zweifel. Also kommt ein Spaghetti-Burger auf die eine, ein Ramen-Burger auf die andere Hand. Damit stapfen wir in Richtung River und setzen uns auf eine Picknickbank mit Blick rüber nach Manhattan.

WAS DENN NUN BESSER IST? Bei beiden Gerichten hat man das Brötchen durch Nudeln ersetzt. Die Spaghetti-Variante erinnert deutlich an die italienische Küche, auch wenn sie ohne Soße daherkommt. Der klare Gewinner für meinen Geschmack ist der saftige Ramen-Burger mit seiner kräftigen asiatischen Würze. Leider kann man an nur einem Tag nicht halb so viel essen, wie man probieren möchte. Das Schöne an Street Food bleibt aber, wie die FAZ einmal schrieb: »Die Eintrittsschwelle ist gering, der Beteiligungsgrad hoch und die Aktualität immens.« Wenn wir das nächste Mal wiederkommen, warten im East River State Park also sicher schon neue kulinarische Abenteuer auf uns. Vielleicht ist dann ja auch ein Gericht aus Schweden dabei. Da kommt der fremdländische Name nämlich her. Smørgas bedeutet Butterbrot, und das Smørgasbord ist ein Buffet aus kalten und warmen Speisen. Jaja, wie sagt man doch so schön: Auf Reisen lernt man einen Ort am besten über das Essen kennen.

WENN MAN SCHON MAL HIER IST: Bei sommerlicher Hitze kühlt ein Bad im **McCarren Pool** (Juli–Sept. tägl. 11–19 Uhr, 776 Lorimer Street, mccarrenpark.com) im Park um die Ecke. Das Schwimmbad des **William Vale Hotels** (siehe S. 215) schlägt für Nichtgäste samt Liegestuhl mit $ 45 zu Buche. Die Aussicht von der Rooftop Bar ist der Hammer! Musikfreunde werden im Plattenladen **Rough Trade** □→ Raritäten finden (siehe S. 214). Auch Livemusik gibt es allerorten, u. a. in der **Musichall of Williamsburg** (66 North 6th Street, musichallofwilliamsburg. com).

7

NOSTALGISCHE ZEITREISE IN DIE 1920ER-JAHRE

EIN NACHMITTAG IN CONEY ISLAND

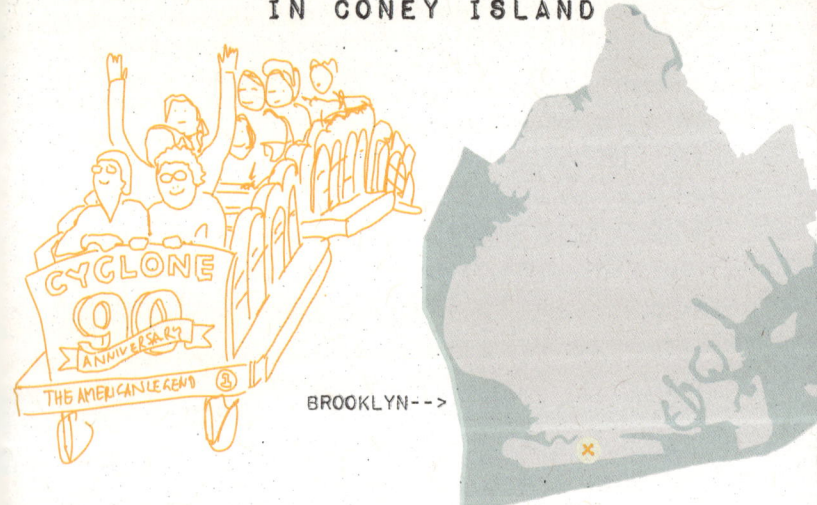

BROOKLYN-->

+ + + S T E C K B R I E F + + +

WO? LUNA PARK CYCLONE. 1000 SURF AVENUE. UND CONEY ISLAND CIRCUS SIDESHOW. 1208 SURF AVENUE +++ U CONEY ISLAND/STILLWELL AV MIT LINIEN D. F. N. Q +++ WANN. WIE LANGE UND WIE VIEL? CYCLONE VON APRIL BIS OKTOBER. ÖFFNUNGSZEITEN UNTER LUNAPARKNYC.COM/RIDES/CONEY-ISLAND-CYCLONE. $ 1 PRO FAHRT +++ CIRCUS SIDESHOW VON APRIL BIS SEPTEMBER. ZEITEN UNTER CONEYISLAND.COM/PROGRAMS/CONEY-ISLAND-CIRCUS-SIDESHOW. CA. 45 MINUTEN. EINTRITT $ 10. KINDER BIS 12 JAHRE $ 5 +++

GÜNSTIG. FAMILIENFREUNDLICH

VERDAMMT, ich hätte auf den Kontrolletti hören sollen! Kameras sind verboten, das Handy auch, hatte er gewarnt. Papperlapapp, dachte ich mir. Ich wollte ein heimliches Foto ganz oben vom Cyclone mit dem Strand im Hintergrund schießen. Doch bevor ich dazu komme, brettern wir auch schon von 26 Metern Höhe mit fast 100 Sachen ins Tal. 59 Grad Gefälle – der klapprige Wagen vibriert erbärmlich, bis er sich schließlich quietschend in eine steile Kurve wirft. Ich fühle mich wie im freien Fall, dann werde ich von einer Ecke in die andere geschleudert. Mit der einen Hand versuche ich mich festzuhalten, während sich die andere verzweifelt um das teure Smartphone krallt. Schon sind wir erneut oben und gehen in die nächste Kurve. Wieder wirble ich von links nach rechts, mein Hintern hebt ab, und ich hänge in der Luft.

HILFE! Die drei Holzwagen haben keine Kopfstützen, keine Trennwände zwischen den Sitzen und keine Sicherheitsbügel, jedenfalls keine, die am Bauch anliegen und Stabilität verleihen würden. Der Cyclone, in Amerika eine Achterbahnlegende mit mehr als 90 Jahren auf dem Buckel, sieht auf den ersten Blick harmlos aus. Tatsächlich aber nimmt dieser antike Zug in weniger als zwei Minuten sechs 180-Grad-Kurven und zwölf Gefälle. Auf nur 800 Metern überqueren wir 18-mal die Gleise und werden am Ende von einem Mitarbeiter mechanisch ausgebremst. Computersteuerung? Fehlanzeige. Hier ist alles aus Holz und in genau demselben technischen Zustand wie beim Bau – 1927. Zum Glück ist es wie immer bei mir und solchen Nervenkitzeln. Kaum habe ich das Ende vor Augen, verwandelt sich das Adrenalin in pure Euphorie. Ich bin hellauf begeistert. Der Cyclone ist nicht der älteste, nicht der längste und nicht der gewagteste Rollercoaster der Welt. Aber wie sagte schon Charles Lindbergh, der Fliegerpionier: »Eine Fahrt mit dem Cyclone ist großartiger, als ein Flugzeug bei höchster Geschwindigkeit zu fliegen.«

NACH DIESEM VERGNÜGEN beschließe ich, ein bisschen länger in der Vergangenheit zu schwelgen. Aus der stammt auch das Wonder Wheel, ein Riesenrad, das sich seit 1920 dreht. Seine Kabinen sind nicht wie üblich festmontiert, sie rutschen während der Fahrt auf gebogenen Stangen hin und her. Ist mir viel zu viel Geschaukel, also gehe ich in die »Sideshow by the Seashore«, die letzte Attraktion dieser Art auf der Welt und – ja, was eigentlich? Eine Zirkusshow, Jahrmarktdarbietung, Menagerie des Ungewöhnlichen, wie man sie aus *The Greatest Showman* kennt. Auf einer winzigen Bühne treten Menschen auf, die man einmal Freaks nannte. Sie entfesseln sich aus Ketten, lassen brennende Fackeln auf der Zunge lodern und ganze Dolche im Rachen verschwinden. Alles für ein paar Dollar, witzig und gruselig zugleich. Nein, das Coney Island von heute ist nicht romantisch. Es ist umgeben von schmucklosen Wohnblocks, drei Freizeitparks, die lärmen, und einem Strand, der meist überfüllt ist. Und doch wohnt dem Ort ein eigener Zauber inne, der nur mit einem zu erklären ist: Nostalgie.

WENN MAN SCHON MAL **HIER** IST:

Von den Vergnügungsparks führt ein kurzer Spaziergang auf dem seit 2018 denkmalgeschützten **Boardwalk**, einer fast 4,5 Kilometer langen Holzpromenade, zum **Aquarium** (602 Surf Avenue, nyaquarium.com). Kultstatus hat auch **Nathan's Famous** (siehe S. 213) ☐→, ein Hotdog-Stand. Für Schleckermäuler ist **Coney's Cones** mit 21 Eissorten (1001 **Riegelmann Broadway**, coneyscones.com) genau richtig. Da hier überwiegend Russen leben, ist die russische Küche überproportional vertreten.

7

WENN MAN SCHON MAL IN BROOKLYN IST

+++ SEHEN +++

+++ ESSEN +++

+++ AUSGEHEN +++

+++ SHOPPEN +++

+++ SCHLAFEN +++

BROOKLYN MUSEUM

Das Brooklyn Museum ist mit 1,5 Millionen Artefakten ein Riese, doch der Schatten der Konkurrenz von Manhattan ist lang. Dabei sind die Sonderausstellungen hier oft spektakulär, wie etwa »David Bowie is«, wo rund 400 Objekte aus dem persönlichen Archiv des Sängers gezeigt wurden. Die Dauerausstellung präsentiert eine große Sammlung altägyptischer Meisterwerke. Die Gunst des jüngeren Publikums erkämpft man sich mit Hip Hop und anderen Veranstaltungen.

+++ 200 EASTERN PARKWAY +++ U EASTERN PKWY/ BROOKLYN MUSEUM +++ MI U. FR-SO 11-18 UHR. DO BIS 22 UHR. AM 1. SA/MONAT 11-23 UHR U. FREIER EINTRITT +++ $ 16. ERM. $ 10 +++ BROOKLYNMUSEUM.ORG +++

←□

BROOKLYN BRIDGE UND BROOKLYN BRIDGE PARK

Der Spaziergang über die benachbarte Manhattan Bridge bietet den besten Blick auf die Brooklyn Bridge. Als die 1,833 Kilometer lange Hängebrücke (deren Baugeschichte ein eigenes Kapitel wert wäre) 1883 eröffnet wurde, wollten in 24 Stunden mehr als 150.000 Menschen rüber. Heute scheinen es nicht viel weniger zu sein ... Ihr zu Füßen liegt der spannende Bezirk Dumbo und der 34 Hektar große Brooklyn Bridge Park mit Spazierwegen, Stränden, Sportplätzen, einem Karussell und viel Grün. Die Promenade des vornehmen Bezirks Brooklyn Heights kennt man aus vielen Filmen von Woody Allen.

+++ HINTERGRÜNDE UND EVENTS FINDEN SIE AUF BROOKLYNBRIDGEPARK.ORG +++

BROOKLYN NAVY YARD

Die Schiffswerft, in der einst 70.000 Menschen arbeiteten, lag nach dem Zweiten Weltkrieg brach. Nun entsteht hier ein innovatives Zentrum für Umwelttechnologien und Kreativindustrien, das man im Rahmen von Themenführungen kennenlernen kann. Zu empfehlen ist der Besuch der Rooftop Farm. Eine Ausstellung im Building 92 dokumentiert die Geschichte des Hafengebietes.

+++ 63 FLUSHING AVENUE +++ U YORK ST +++ MI-SO 12-18 UHR +++ EINTRITT FREI +++ INFOS AUF: BROOKLYNNAVYYARD.ORG +++

PROSPECT PARK

Der Prospect Park stammt vom selben Landschaftsgärtner wie der Central Park (Calvert Vaux) und ist ähnlich schön, nur kommen weit weniger Besucher. Was es hier gibt? Ruhe und Erholung, einen Zoo, ein Indoor-Karussell, zahlreiche Sportplätze, Grillstände und Ruderboote. Eine der kostenlosen Veranstaltungen ist der Smorgasburg Food Market am Sonntag (April–Oktober, siehe S. 200).

+++ U GRAND ARMY PLAZA +++ TÄGL. 5-1 UHR +++ PROSPECTPARK.ORG +++

PIONEER WORKS

Dieses gemeinnützige Kunstzentrum versteht sich als interdisziplinäre Plattform für Kunst, Wissenschaft, Technologie und Musik. Die Artists in Residence der unterschiedlichen Fachrichtungen öffnen oft ihre Studios und nutzen den Ausstellungsraum im Erdgeschoss als Galerie, der auch eine der größten Locations in New York für Installationen, Performances und Veranstaltungen ist.

+++ 159 PIONEER STREET +++ FÄHRE ZUM RED HOOK TERMINAL +++ MI-SO 12-19 UHR +++ EINTRITT FREI +++ PIONEERWORKS.ORG +++

THE RIVER CAFÉ (DUMBO) □→

Dieses romantische Restaurant am East River mit Blick auf die Brooklyn Bridge ist seit über 40 Jahren ein Ort, an dem man sich gern verliebt, verlobt und verheiratet. Die amerikanische Küche hat einen Michelin-Stern.

+++ 1 WATER STREET +++ U HIGH ST/BROOKLYN BRIDGE +++ MO-FR 8.30-11.30 UHR UND 17.30-23 UHR. SA/SO 11.30-14.30 UHR UND 17.30-23 UHR +++ WICHTIG! DRESSCODE ELEGANT! +++ RIVERCAFE.COM +++

PETER LUGER STEAKHOUSE (WILLIAMSBURG)

Seit deutsche Einwanderer das Restaurant 1887 gründeten, ist es eine der besten Adressen für das Porterhouse Steak (Knochen, Roastbeef und hoher Filetanteil), das für 2 oder 4 Personen zubereitet wird. Dazu gehören Rahmspinat und Bratkartoffeln.

+++ 178 BROADWAY/DRIGGS AVENUE +++ U MARCY AV +++ NUR BARZAHLUNG! +++ UNBEDINGT RESERVIEREN +++ PETERLUGER.COM +++

NATHAN'S FAMOUS (CONEY ISLAND)

Dies war 1916 der erste Hotdog-Laden einer Kette, die nun die größte Amerikas ist. Beim jährlichen Wettessen am 4. Juli werden bis zu 74 heiße Hunde in zehn Minuten verschlungen.

+++ 1310 SURF AVENUE +++ U CONEY ISLAND/STILLWELL AV +++ MO-DO 10-23 UHR. AM WOCHENENDE BIS 24 UHR +++ NATHANSFAMOUS.COM +++

THE FREEHOLD (WILLIAMSBURG)

Diese Café-Bar mit Hofterrasse macht richtig gute Laune. Freelancer nutzen sie auch als Arbeitsplatz, abends unterhalten DJs und Komödianten die Gäste.

+++ 45 SOUTH 3RD STREET +++ U BEDFORD AV +++ COFFEESHOP TÄGL. 7-19 UHR. BAR AB 11 UHR BIS SPÄT +++ FREEHOLDBROOKLYN.COM +++

7

BABY'S ALL RIGHT (WILLIAMSBURG)

Nachtschwärmer schätzen das gute Essen (auch der Brunch ist vorzüglich!), die kreativen Drinks und vor allem die experimentierfreudige Livemusik aller Genres.

+++ 146 BROADWAY +++ U MARCY AV +++ SO-DO 18-4 UHR. FR/SA AB 11 UHR +++ HAPPY HOUR TÄGL. 18-20 UHR +++ BABYSALLRIGHT.COM +++

NOWADAYS (BUSHWICK)

In dieser Bar stimmt die Küche, die Terrasse ist lauschig und das Kulturprogramm abwechslungsreich – es reicht von Kino über Lesungen bis zu bekannten DJs.

+++ 50-06 COOPER AVENUE +++ U HALSEY ST +++ MO-MI 16-24 UHR. DO BIS 2 UHR. FR/SA BIS 4 UHR. SO BIS 3 UHR +++ HAPPY HOUR MO-FR 16-20 UHR +++ NOWADAYS.NYC +++

+ + + + + + + + + + + SHOPPEN + + + + + + + + + + +

ROUGH TRADE (WILLIAMSBURG)

Der größte Plattenladen von New York City verkauft Vinylscheiben jeglicher Musikrichtungen, in die man vor Ort reinhören kann. Es gibt auch eine Cappuccino-Bar, eine Tischtennisplatte und Liveauftritte.

+++ 64 NORTH 9TH STREET +++ U BEDFORD AV +++ MO-SA 11-23 UHR. SO BIS 21 UHR +++ ROUGHTRADE.COM/STORES#ROUGH-TRADE-NYC +++

BROOKLYN FLEA (DUMBO)

An den Ständen dieses bekanntesten Flohmarktes der Stadt findet man Altes und Rares und dazwischen köstliche Essbuden.

+++ APRIL–OKTOBER SO 10–17 UHR +++ DUMBO, MANHATTAN BRIDGE ARCHWAY, 80 PEARL STREET +++ U YORK ST +++ IM WINTER SA 11–18 UHR, SO 11–17 UHR IM ATLANTIC CENTER, 625 ATLANTIC AVENUE +++ U ALTLANTIC AV/BARCLAYS CTR +++ BROOKLYNFLEA.COM +++

+ + + + + + + + + + **SCHLAFEN** + + + + + + + + + + + +

THE WILLIAM VALE (WILLIAMSBURG)

Hier stimmt alles – bis auf den Preis vielleicht. Jedes Zimmer hat einen Balkon, der Blick auf Manhattan ist ein Traum und lässt sich auch von der Rooftop Bar Westlight im 22. Stock genießen. Im beheizten Pool schwimmt man mit Aussicht und bekommt das Dinner auf Wunsch auch dort serviert.

+++ 11 NORTH 12TH STREET +++ U BEDFORD AV +++ DZ AB $ 265 +++ THEWILLIAMVALE.COM +++

EVEN HOTEL (BROOKLYN HEIGHTS)

Dieser umweltfreundliche Neubau bietet ein gutes Preis-Leistungs-Verhältnis. Well- und Fitness stehen im Vordergrund, es gibt sogar Fitnessgeräte im Zimmer und gemeinsame Joggingausflüge. Motto: »Let's sweat this out together.« Entspannen kann man unter der Regendusche oder auf der Terrasse im 7. Stock.

+++ 46 NEVINS STREET +++ U NEVINS ST +++ DZ AB $ 150 +++ EVEN-HOTEL-BROOKLYN-NEW-YORK. HOTEL-MIX.DE +++

7

8
BRONX,
QUEENS,
STATEN ISLAND

+++ ERLEBEN +++

PARIS HAT ARRONDISSEMENTS. Berlin Kieze und New York City Manhattan und die Outer Boroughs. Obwohl der Löwenanteil an Sehenswürdigkeiten in Manhattan liegt, tragen die Outer Boroughs viel zur kulturellen Vielfalt New Yorks bei. In der Bronx isst man hervorragend Italienisch, Queens' Long Island City birst vor Kunstmuseen und Galerien, Staten Island positioniert sich mit Großprojekten wie dem Empire Center gerade neu. Das Plus aller: Weder müssen Sie hier ständig Schlange stehen noch unnötig tief in die Tasche greifen.

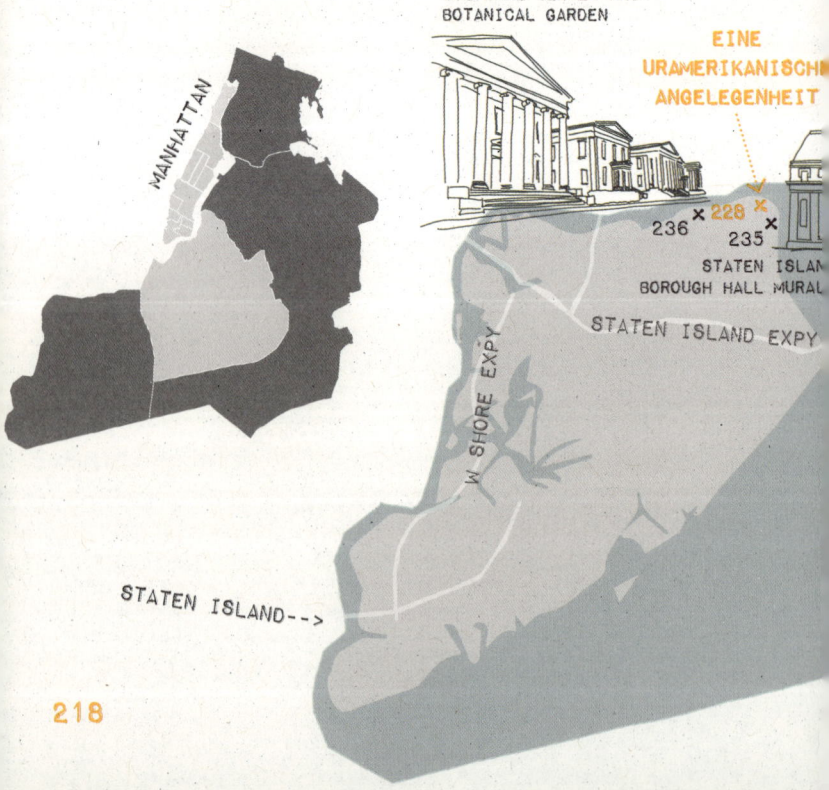

SNUG HARBOR
CULTURAL CENTER AND
BOTANICAL GARDEN

EINE
URAMERIKANISCHE
ANGELEGENHEIT

MANHATTAN

236 × 228 × × 235

STATEN ISLAN
BOROUGH HALL MURAL

W SHORE EXPY

STATEN ISLAND EXPY

STATEN ISLAND-->

NEW YORK
BOTANICAL GARDEN

× 235
× 220

DER AMERIKANISCHE PATIENT ×

BOSTON ROAD

NEW ENGLAND THRUWAY

CROSS BRONX EXPY

<--BRONX

BRUCKNER EXPY

MoMA PS1

PS1

MUSEUM OF THE
MOVING IMAGE

× 234

× 236

MOMA P.S.1 MUSEUM

QUEENS BLVD

GRAND CENTRAL PKWY

LONG ISLAND EXPY

GRAND CENTRAL PKWY

VAN WYK EXPY

QUEENS-->

BELT PKWY

MIT GEDULD UND FLUKE 224
× ROCKAWAY

DER AMERIKANISCHE PATIENT

EINE KANUFAHRT ENTLANG DES BRONX RIVERS

BRONX-->

+ + + S T E C K B R I E F + + +
WO? WANN? WIE LANGE? MAI BIS OKTOBER, JE
NACH ROUTE +++ WIE VIEL? COMMUNITY FRIDAYS
KOSTENLOS (JUNI-OKT). LAKE PADDLE $ 10.
FULL RIVER PADDLE $ 45 +++ HIGHLIGHT IST
DIE JÄHRLICHE BRONX RIVER FLOTILLA +++
INFORMATIONEN VON DER BRONX RIVER ALLIANCE
UNTER BRONXRIVER.ORG +++ WICHTIG! ALLE
TEILNEHMER ERHALTEN SCHWIMMWESTEN UND EINE
SICHERHEITSEINWEISUNG ZUM UMGANG MIT DEM
PADDEL, DEM BOOT UND DER WASSERSTRÖMUNG! +++

220 KOSTENLOS, FAMILIENFREUNDLICH

FAST LAUTLOS gleitet unser Kanu über das Wasser. Es ist ein feuchtkühler Sonntagmorgen, und ich paddle, um warm zu werden. Ein lautes »kräick« tönt durch die Stille, als sich ein Graureiher am bewaldeten Ufer niederlässt. »Haltet Ausschau nach Bibern!«, ruft Toni uns zu, aber wir sehen nur Plastikflaschen, die sich im Ufergestrüpp verfangen haben. Sie steuert unser Boot zu dem Schandfleck und sammelt sie ein. So habe es bis vor Kurzem noch überall ausgesehen, sagt sie bedauernd. Der Mensch hat nur wenige Jahrhunderte gebraucht, um diesen einzigen Süßwasserfluss New Yorks in eine Industriekloake zu verwandeln: vernachlässigt und unzugänglich, so wie man sich die Bronx bis heute irgendwie vorstellt. Seit Jahren wird nun restauriert, die Erfolge sieht man am besten vom Wasser aus. Deshalb lädt die gemeinnützige »Bronx River Alliance« regelmäßig zur Paddeltour.

WIR HABEN DEN BREITEN TEIL

des Flusses, auch »The Lake« genannt, überquert und einen Damm erreicht, hinter dem ein Wasserfall über Naturfelsen rauscht. Es ist zu nass und matschig, um an diesem romantischen Fleckchen auszusteigen, also treiben wir. Ich fühle mich wie in einer Szene aus *Winnetou* und würde mich nicht wundern, wenn plötzlich ein Schwarm Pfeile auf uns niederregnet. Der Damm jedoch ist Teil der unrühmlichen Industriegeschichte des Flusses, erzählt uns Toni. Er wurde in den 1820er-Jahren für die Bolton Bleicherei gebaut, die mit Hilfe der Wasserkraft Textilien färbte. Die Chemikalien ergossen sich ungehindert in den Fluss. Der war schließlich so verseucht, dass er lichterloh brannte, sobald man ein Streichholz hineinwarf. Kaum zu glauben, denn heute führt der Mitsubishi Riverwalk an seinem Ufer entlang, wo auf Schautafeln die Vielfalt der Flora und Fauna gezeigt wird. Es gibt in diesem Abschnitt des Bronx Rivers drei weitere, ähnliche Dämme. Sie sind nicht nur für die Aale und Heringe ein Problem, denen man nun Fischtreppen baute. Wir müssen unsere Kanus mühselig außenrum tragen.

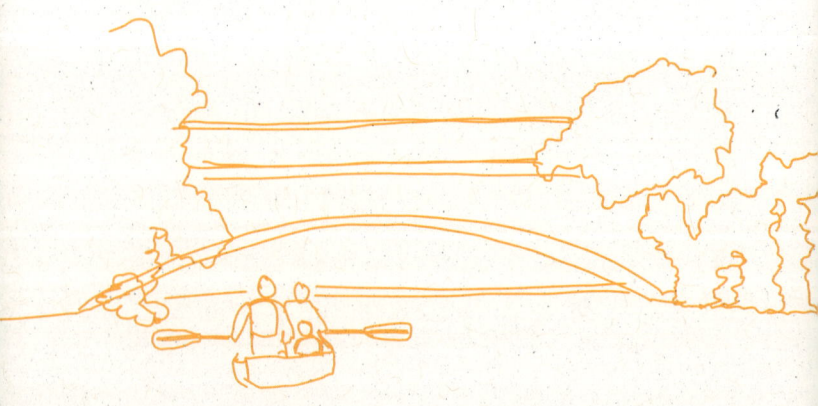

MEHRERE ROUTENANGEBOTE stehen zur Auswahl: der tagesfüllende »Full River Paddle«, der industriell-urbane »Estuary Paddle« zur Mündung in den Harlem River und unser malerischer »Lake Paddle«, der durch die bewaldeten Hänge des Botanischen Gartens und die asiatische Wildnis des Bronx Zoos führt. »There are people who live in the world and people who are part of the world.« Das ist Tonis Motto und ihre Erklärung dafür, dass sie dem Bronx River seit Jahren ihre gesamte Freizeit schenkt: Sie will ein Teil der Welt sein. Auch für Roderique, der ihr heute assistiert, ist der Fluss eine Herzensangelegenheit. Als »native American«, der von den Algonquin abstammt, hat er ihn sozusagen im Blut. Mit Biberfellen, selbst gemachten Taschen aus Otterleder, Trommeln aus Schildkrötenpanzern und Ketten aus Bärenklauen, die Zeichen der Männlichkeit sind, führt er uralte Familientraditionen weiter. Ich finde, die zwei können stolz darauf sein, dass ihr ehrenamtlicher Einsatz die Welt um sie herum verändert und ein kleines bisschen besser macht.

WENN MAN SCHON MAL HIER IST:
Der Bronx River führt durch den **Botanischen Garten** (siehe S. 235) □→ Im Zentrum der 100 Hektar großen Anlage steht das Gewächshaus von 1890. Südlich grenzt der **Zoo** an (bronxzoo.com). In Gehegen, die einem natürlichen Lebensraum nachgebaut wurden, leben hier mehr als 4.000 Tiere. Für eine Einkehr sollte man auf jeden Fall den zehnminütigen Spaziergang zur **Arthur's Avenue** unternehmen (arthuravenue bronx.com), das Little Italy der Bronx.

MIT GEDULD UND FLUKE

WHALE WATCHING VOR ROCKAWAY BEACH

QUEENS-->

+ + + S T E C K B R I E F + + +
WO? RIIS LANDING, BREEZY POINT: AM ROCKA-
WAY POINT BLVD GEGENÜBER DER HEINZELMAN ROAD
RECHTS ABBIEGEN +++ U BEACH 116 ST MIT LINIE
A, DANN MIT DEM BUS Q 35 BIS FORT TILDEN
+++ WANN? MAI BIS NOVEMBER. TERMINE UNTER
AMERICANPRINCESSCRUISES.COM/CRUISES/WHALE-
WATCHING-DOLPHIN-CRUISE-NEW-YORK +++ WIE
VIEL? $ 48, ERM. $ 43 +++ WICHTIG! RICHTEN
SIE SICH AUF WIND UND WETTER EIN - UND VIEL-
LEICHT AUF SEEKRANKHEIT! +++

»HALTEN SIE AUSSCHAU nach dem ›breath‹, der Nebelfontäne, die entsteht, wenn ein Wal ausatmet«, rät uns Catherine Granton. Sie ist pensionierte Meeresbiologin und arbeitet ehrenamtlich für »Gotham Whale«, einen Naturschutzverein. Seine Mitglieder erforschen das Delfin- und Walaufkommen vor New Yorks Küsten und sind immer zu Gast, wenn Kapitän Tom Paladino mit der »American Princess« in See sticht. Seine stahlblauen Augen scannen bereits aufmerksam den Horizont. Seit etwa 10 Jahren fährt er zum kommerziellen Whale Watching rund fünf nautische Seemeilen raus in den Hudson Canyon, wo die Fahrrinne vom Hafen der Millionenmetropole auf den Ozean trifft. 90 Prozent der Touren sind erfolgreich, und die Gäste an Bord sehen Delfine und Wale. »The food is here, so the whales are here« – so einfach ist das, behauptet er.

DIE SEE IST RUHIG, der Himmel bewölkt. Wir haben kaum die Halbinsel Rockaway umrundet, da tauchen auch schon Dutzende Delfine neben unserem Boot auf und surfen auf der Bugwelle neben uns her. »Delfine haben wir immer«, sagt Catherine, »Buckelwale sind viel seltener zu sehen, weil sie nicht so oft Luft holen müssen. Sie können bis zu 40 Minuten unter Wasser bleiben.« Vor 200 Jahren kamen Buckelwale in New Yorks Gewässern noch häufig vor, dann wurde die Wasserqualität schlechter und schlechter, bis ihre Hauptnahrungsquelle, der heringsartige Bunker, verschwunden war. Wasserschutz, strenge Fischquoten und die Klimaerwärmung haben nun dafür gesorgt, dass der Bunker zurück ist – und mit ihm die Wale. Wir lauschen und lernen. Wie Wissenschaftler Wale anhand der Fluke identifizieren, die so einzigartig ist wie der menschliche Fingerabdruck. Oder wie sie ihre Migrationsbewegungen verfolgen, alljährlich rund 10.000 Kilometer von der Karibik nach Norden, auf festen Bahnen, Kurs haltend wie ein Schiff. Heute sind die Wale offenbar woanders. Wir sind eben nicht im Zoo, sondern auf offener See, und nicht jeden Tag gibt die Natur ihre Wunder so einfach preis.

DIE RUND 75 Würdegern-Walbeobachter, die sich mit mir in Geduld üben, knipsen die Delfine, dösen oder bestellen für 5 Dollar ein Bier an der Bar. Mehr als drei Stunden sind vergangen, als plötzlich Kapitän Tom über Lautsprecher ruft: »10 Uhr, 10 Uhr!« Alle rennen aufgeregt zur Backbordseite. In rund 100 Metern Entfernung kann ich einen großen grauen Körper unter der Wasseroberfläche ausmachen, die Fluke schaut schon heraus. Ein Buckelwal, vermeldet Catherine zufrieden und trägt ihn in ihre Liste ein. Immerhin gibt es mehr als 80 verschiedene Arten! Wie zur Bestätigung atmet der Riese majestätisch aus. Mein Instagram-Moment, juhu, der Blas! Ein Schlag mit der Schwanzflosse, der Wal macht einen Buckel, und schon ist er wieder abgetaucht. Dieses rätselhafte und so flüchtige Wasserwesen hat die Menschen seit jeher fasziniert, nicht grundlos wurde *Moby Dick* ein Klassiker der Weltliteratur. Tom ist nicht Käpt'n Ahab und unser Buckelwal nicht Moby Dick. Aber ich finde, wir können uns glücklich schätzen, dass sich dieses größte Säugetier der Welt aus den Tiefen des Ozeans gezeigt hat.

WENN MAN SCHON MAL HIER IST:
Die Beach 169th Street führt in wenigen Minuten zum sandigen **Jacob Riis Beach** ▢→und dem alten Art-déco-Badehaus, wo von Ende Mai bis Anfang September ein Basar stattfindet (tägl. ab 11 Uhr, riisparkbeachbazaar.com). Tacos, Burritos, Pizza und Lobster werden dann an Badenixen und Surfer ausgegeben, und am Wochenende spielen Livebands. In dieser Zeit kommt man auch vom Pier 11 Wall Street mit der Fähre hierher ($ 15).

EINE URAMERIKANISCHE ANGELEGENHEIT

EIN ABEND
IM BASEBALLSTADION
DER STATEN ISLAND YANKEES

STATEN ISLAND-->

+ + + S T E C K B R I E F + + +
WO? 75 RICHMOND TERRACE +++ STATEN ISLAND
FERRY +++ U WHITEHALL ST MIT LINIEN N, R UND W
+++ WANN? ZWISCHEN MITTE JUNI UND ANFANG
SEPTEMBER: 35 HEIMSPIELE MIT 14 FEUERWERKEN
+++ SPIELPLAN (SCHEDULE) UNTER MILB.COM/
STATEN-ISLAND +++ WIE LANGE? 2.5-3 STUNDEN
+++ WIE VIEL? $ 9, $ 15 ODER $ 18 +++ WICHTIG!
ES GIBT FAST IMMER KARTEN AN DER TAGESKASSE
UND KEINE SCHLECHTEN PLÄTZE. NEHMEN SIE BEI
SCHÖNEM WETTER WASSER, EINE SONNENBRILLE,
HUT UND SONNENCREME MIT! +++

228 GÜNSTIG, FAMILIENFREUNDLICH

BESONDERS BEGEISTERT bin ich erst einmal nicht vom Vorschlag meines Mannes. Eigentlich interessiere ich mich nicht für Baseball, ich habe davon auch keine Ahnung. Ich weiß nur: Es kann Stunden dauern, die Regeln sind kompliziert, und eigentlich passiert nicht viel. Mein Mann ist empört. »Das ist immerhin die beliebteste und traditionellste Sportart in Amerika«, führt er als Argument ins Feld. »Echt? Nicht American Football, Basketball oder Eishockey?« Ich fühle mich wie eine Kulturbanausin. »Und außerdem«, lockt er weiter, »fahren wir mit der kostenlosen Fähre an der Freiheitsstatue vorbei, das Stadion liegt nur ein paar Schritte von der Anlegestelle entfernt am Wasser und hat eine hammermäßige Aussicht auf die Skyline von Lower Manhattan. Die Tickets sind total günstig, und nach dem Spiel gibt es noch ein großes Feuerwerk!« Überredet, ich bin dabei.

BRONX
QUEENS
STATEN ISLAND

DIE KUH TRÄGT das Spieleroutfit, ist zwei Meter groß und drückt mich für ein Foto an sich. Scooter heißt das Maskottchen der Staten Island Yankees, deren Kommentator so oft »Holy Cow« geschrien hat, wenn es spannend wurde, dass ein Kostümierter mit Uncle-Sam-Mütze seitdem für Stimmung sorgt. Er steht für Schnappschüsse parat, jagt in den Spielunterbrechungen die Kinder über das Feld oder fordert eine zweite Kuh zum akrobatischen Tanzwettkampf heraus. Ganz ehrlich? Die Pausen gefallen mir besser als das Spiel. Es ist wie bei einer großen Party! Cheerleaders tanzen zur Musik, und Zuschauer treten zum Kaugummiblasen an. Außerdem scheint jeder kurz vor dem Verhungern zu stehen, so eifrig stopfen sich die Leute mit Popcorn, Hotdogs und Eiscreme voll. Ein Bud Light kostet 7 Dollar. Unser Nacho Grande für 5 Dollar hat immerhin frische Tomaten, Zwiebeln und Jalapeños darauf. Die Verteilung der Fanutensilien, T-Shirts und Caps mit Yankee-Aufdruck, haben wir leider verpasst. Wir waren gerade rechtzeitig zum Spielbeginn da, als alle Zuschauer aufstanden, um mit Hingabe die Nationalhymne zu singen. Ein Gänsehautmoment.

DAS MATCH SELBST erinnert mich an Brennball. Die meisten Spieler stehen die meiste Zeit faul herum. Das erklärt auch, dass viele Tabak kauen und ein kleines Bäuchlein vor sich hertragen. Gerade macht sich der Pitcher der gegnerischen »Cyclones« zum Wurf bereit. Er holt aus, wirft, uuund – der Batter der Yankees hat den Ball verfehlt. Eigentlich sollte er auf die lederumhüllte Korkkugel ein- und sie am besten in hohem Bogen aus dem Spielfeld rausdreschen. Bei so einem Home Run springen die Zuschauer jubelnd von ihren Sitzen. Wenigstens treffen könnte er ja, dann gibt es immerhin einen Hechtsprung und Sprints. Doch beide Teams spielen kleine Liga, da passiert das nicht oft. Also wird geplaudert, der malerische Ausblick genossen und gegessen. Nach gut drei Stunden, die Abendsonne ist längst hinter New Jersey versunken, haben die Cyclones gewonnen. Damit ist die Bühne frei für mein Highlight des Abends: das Feuerwerk, das den Himmel über dem Ballpark erleuchtet. Ich danke meinem hartnäckigen Mann: Allein für dieses zauberhafte Schauspiel hat sich der Besuch gelohnt.

WENN MAN SCHON MAL HIER IST:

Nur ein paar Schritte sind es vom Baseballstadion zur **Staten Island Borough Hall** ▢→ mit ihren dreizehn historischen Wandgemälden (siehe S. 235). Wer zwischen Donnerstag und Sonntag hier ist, kann sich von den »Nonnas of the World« in der **Enoteca Maria** bekochen lassen, so er denn einen Platz kriegt (siehe S. 237). Nagelneu und mehr als nur ein Shoppingerlebnis: **Empire Outlets** (siehe S. 239). Irgendwann soll es dort auch ein Riesenrad geben.

WENN MAN
SCHON MAL
IN DER BRONX,
IN QUEENS UND
IN STATEN ISLAND
IST

+++ SEHEN +++

+++ ESSEN +++

+++ AUSGEHEN +++

+++ SHOPPEN +++

+++ SCHLAFEN +++

MUSEUM OF THE MOVING IMAGE (ASTORIA, QUEENS)

Als das Museum 1988 auf dem Gelände der ehemaligen Kaufmann Astoria Filmstudios eröffnete, war es das erste seiner Art. Die Dauerausstellung »Behind the Screen« zeigt nicht nur historische Kameras oder alte Spielekonsolen, der Besucher darf interaktiv dabei mitwirken, wie ein Film entsteht. Auch die Produktion von Animationsfilmen, Fernsehsendungen und Formaten für digitale Medien wird erfahrbar, und man kann an alten Spielekonsolen daddeln. Ein Raum ist Jim Henson gewidmet, dem Erfinder der *Sesamstraße* und *Muppet Show*. Es gibt Themenwochen, Filmvorführungen und Vorträge.

+++ 36-01 35TH AVENUE +++ U STEINWAY ST +++ MI-SO 10.30-17 UHR. FR BIS 20 UHR. SA/SO BIS 18 UHR +++ $ 15. ERM. $ 11. BIS 17 JAHRE $ 9. FR 16-20 UHR FREI +++ MOVINGIMAGE.US +++

STATEN ISLAND BOROUGH HALL MURALS

13 imposante Gemälde von Frederick Charles Stahr zieren die Wände der marmornen Empfangshalle und führen Besucher durch die Geschichte von Staten Island. Los geht es 1524 mit der Entdeckung der Insel durch Giovanni da Verrazzano und endet 1931 mit dem Bau der Bayonne-Brücke.

+++ 10 RICHMOND TERRACE +++ GEGENÜBER STATEN ISLAND FERRY TERMINAL +++ MO-FR 9-17 UHR +++ EINTRITT FREI. SICHERHEITSKONTROLLEN +++

NEW YORK BOTANICAL GARDEN (BRONX)

Der Botanische Garten wurde 1891 von Calvert Vaux angelegt und ist mit rund 100 Hektar einer der größten in den USA. Aus der kostenlosen Tram kann man an den schönsten Stellen aussteigen, zu denen das Gewächshaus mit seinen unterschiedlichen Klimazonen und der berühmten Orchideensammlung zählt sowie die Galerie, in der wechselnde Ausstellungen zu sehen sind.

+++ 200TH STREET/KAZIMIROFF BOULEVARD +++ U PARKWAY BLVD UND BUS BX26 +++ DI-SO 10-18 UHR +++ SA/SO $ 28. ERM. $ 25. KINDER BIS 12 J. $ 12. MO-FR $ 23. ERM. $ 20. KINDER $ 10 +++ SA VON 9-10 UHR PAY-WHAT-YOU-WISH +++ NYBG. ORG +++

8

MOMA PS1 MUSEUM (LONG ISLAND CITY, QUEENS)

Eine »Testfläche für Ideen« will dieses Museum sein, das in einer ehemaligen Schule ausschließlich Künstler der Gegenwart zeigt. In 50 Ausstellungen pro Jahr werden vor allem die Genres Installation, Video und Performance gefördert. Eine eigene Sammlung gibt es nicht, dafür Dauerexponate. Die Partyreihe »Warm Up« lockt junges Publikum her.

+++ 22-25 JACKSON AVENUE +++ U COURT SQ +++ DO-MO 12-18 UHR +++ WARM-UP ENDE JUNI-ENDE AUG. SA 12-21 UHR +++ $ 10. ERM. $ 5. BIS 16 JAHRE FREI +++ MOMAPS1.ORG +++

SNUG HARBOR CULTURAL CENTER AND BOTANICAL GARDEN (STATEN ISLAND)

Die Anlage im griechischen Revival-Stil wurde im 19. Jahrhundert für pensionierte Seefahrer gebaut. Heute gibt es hier einen botanischen Garten und fünf Gebäude, in denen u. a. das Staten Island Museum und das Newhouse Center of Contemporary Arts untergebracht sind.

+++ 1000 RICHMOND TERRACE +++ BUSSE S 40 UND S 44 AB FERRY TERMINAL +++ VISITOR CENTER UND NEWHOUSE GALLERY MI-SO 12-17 UHR ($ 5). CHINESE SCHOLAR GARDEN DI-SO 10-16 UHR ($ 5. ERM. $ 4) +++ SNUG-HARBOR.ORG +++

+ + + + + + + + + + + + ESSEN + + + + + + + + + + + + +

ZERO OTTO NOVE (BRONX)

Das Geheimnis des Namens: 089 ist die Vorwahl von Sa-
lerno, der Heimat der Besitzer. Auch alle Zutaten wie der
Büffelmozzarella für die Pizza Margherita stammen aus
Süditalien ($ 12.95).

+++ 2357 ARTHUR AVENUE/EAST 186TH STREET +++.
U FORDHAM RD +++ DI–SA 12–14.30 UHR. DI–DO
16.30–22 UHR. FR/SA BIS 23 UHR. SO 13–21 UHR
+++ ZEROOTTONOVE.COM +++

ROCKAWAY CLAM BAR ☐↑
(ROCKAWAY BEACH, QUEENS)

Venusmuscheln in allen Varianten: pur, als Salat mit
Hummer ($ 15.50), als Suppe ($ 7.25) oder im Sandwich
($ 10). Achtung! Wie immer wird viel frittiert.

+++ 16702 ROCKAWAY BEACH BOULEVARD. JACOB
RIIS PARK BAY 9 +++ NYC FERRY ROCKAWAY BEACH
ODER U FAR ROCKAWAY +++ ENDE MAI–SEPT. TÄGL.
11–21 UHR +++ ROCKAWAYCLAMBAR.COM +++

ENOTECA MARIA
(ST. GEORGE, STATEN ISLAND)

Ein geniales Konzept: Es gibt fixe italienische Gerichte
zum Mittag, am Abend jedoch wechselt die Speisekarte
täglich. Dann kochen hier Großmütter aus aller Welt ihre
Lieblingsrezepte aus der Heimat.

+++ 27 HYATT STREET +++ STATEN ISLAND FERRY
TERMINAL +++ DO–SO 12–20.30 UHR +++ NUR BAR-
ZAHLUNG +++ ENOTECAMARIA.COM +++

8

BRONX BEER HALL

Craft Biere und Snacks von den Ständen des Arthur Avenue Markets sind eine unschlagbare Kombination.

+++ 3244 ARTHUR AVENUE +++ U FORDHAM RD +++ DI-SA 11 UHR BIS »WENN DER LETZTE KUNDE GEHT«. SO BIS 20 UHR. MO 16-23 UHR +++ THEBRONXBEERHALL.COM +++

CONNOLLY'S IRISH PUB (ROCKA-WAY BEACH. QUEENS)

In dieser Kellertaverne trinken Rettungsschwimmer, Feuerwehrleute und Surfer nicht etwa Guinness, sondern die berühmte Piña Colada aus Styroporbechern.

+++ 155 BEACH 95TH STREET +++ U BEACH 90 ST +++ SO-DO 12-2 UHR. FR/SA BIS 4 UHR +++

120 BAY CAFE (ST. GEORGE. STATEN ISLAND)

An der Bar mit ihrer exzentrischen Street-Art-Fassade läuft niemand so einfach vorbei. Die Gäste nehmen zum hervorragenden Burger gern Wodka oder Gin Martini und lauschen der Musik aus der Internet-Jukebox.

+++ 120 BAY STREET +++ STATEN ISLAND FERRY TERMINAL +++ MO-DO 11.30-2 UHR. FR/SA BIS 4 UHR. SO 17-2 UHR +++ 120BAYCAFE.COM +++

+ + + + + + + + + + + + **SHOPPEN** + + + + + + + + + + + +

NYBG SHOP (BRONX)

Die ungewöhnlichen Geschenke haben oft wunderschöne florale Motive, schließlich ist man im Museumsshop des Botanischen Gartens.

+++ WIE NEW YORK BOTANISCHER GARTEN. SIEHE S. 135 +++

EMPIRE OUTLETS (STATEN ISLAND)

Im nagelneuen Outlet Center locken nach dem Bummel durch rund 100 Geschäfte mehrere Kinos, Restaurants und der MRKTPL, eine Food Hall mit 1.200 Quadratmeter großer Terrasse.

+++ 55 RICHMOND TERRACE +++ STATEN ISLAND FERRY TERMINAL +++ MO-SA 10-21 UHR, SO BIS 18 UHR +++ EMPIREOUTLETS.NYC +++

+ + + + + + + + + + **SCHLAFEN** + + + + + + + + + + + + +

OPERA HOUSE HOTEL (BRONX)

Einst traten hier die Marx Brothers und Harry Houdini auf, heute kann man sich wie eine Diva betten. Nach 100 Jahren wurde das Bronx Opernhaus 2013 in ein modernes Boutique-Hotel verwandelt.

+++ 436 EAST 149TH STREET +++ U 3 AV/149 ST +++ DZ $ 150-250 +++ OPERAHOUSEHOTEL.COM +++

THE HIGH TIDE HOTEL (ROCKAWAY BEACH, QUEENS)

Dieses ehemalige Motel mit 9 Studios bzw. Suiten haben örtliche Künstler maritim gestaltet. Als Gäste sollten Sie satte Farben und geometrische Muster lieben.

+++ 9720 ROCKAWAY BEACH BOULEVARD +++ U BEACH 98 ST +++ STUDIOS À $ 100 +++ HIGHTIDEROCKAWAY.COM +++

FORT PLACE B & B (ST. GEORGE, STATEN ISLAND)

Gastgeber Paul vermietet in dieser holzverkleideten Villa 5 Zimmer mit eigenem Bad. Die Einrichtung ist gemütlich, nicht nur, wenn im Winter die Kamine brennen. Die Frühstücks-Bagels sind hausgemacht.

+++ 22 FORT PLACE +++ STATEN ISLAND FERRY TERMINAL +++ DZ $ 120 +++ FORTPLACE.COM +++

8

DANKE: ICH DANKE ALLEN BETEILIGTEN IN NEW YORK CITY, DIE MIR DIESE ERLEBNISSE MÖGLICH GEMACHT UND SICH FÜR MICH ZEIT GENOMMEN HABEN: VOR ALLEM MARIO HERNANDEZ, MARISSA UND MALKA, MARJORIE ELIOT, MARK PESKANOV, FRANK DESANTIS UND TONIANN GERMAN. BESONDERS BIN ICH MEINEM MANN JÜRGEN DANKBAR, DASS ER MICH ZU JEDER TAGES- UND NACHTZEIT BEGLEITET UND DABEI SOGAR NOCH DIE FOTOS GESCHOSSEN HAT. BEWUNDERUNG GEBÜHRT MEINER MUTTER NORA UND ALL JENEN, DIE AUCH JEDER NEUEN VARIANTE DER STADTABENTEUER WIEDER UND WIEDER AUFMERKSAM UND KRITISCH LAUSCHTEN.

FOTOS: Alle von Jürgen Andrews, außer: Coverfoto: jani-fest; 48/49; 61: Calamity Chang; 89: Robin_Roemer_Photography; 225: Artie Raslich; Cover/hintere Innenklappe (2): Alex Lipp

IMPRESSUM: Text und Recherche: Dorothea Martin; Herausgeberschaft und Redaktion: Matthias Kröner; grafisches Konzept, Layout und Covergestaltung: Berit Kröner; Illustrationen: Mirja Schellbach; Lektorat: Dr. Felicitas Igel; Korrektorat: Eva Wagner; Druck: Westermann Druck Zwickau GmbH

ISBN 978-3-95654-826-0